その「声」を変えなければ結果は出ない

船津明生　著

はじめに

みなさん、こんにちは。

この本を手にとっていただきありがとうございます。

「結果は出ない」なんていう否定的な題名になっていますが、もちろんこれは「声」を意識し、より良くすることで、良い結果につながるという意味です。「声」を変えたら結果が出るのかといぶかる人も多いでしょうが、「声」にはとても不思議なパワーがあります。そのパワーを有効活用しない手はありません。

まず、人の第一印象は「声」でかなり変わります。女性は良い「声」の男性に惹かれます。男性も一緒です。若々しく溌剌としている人は、やはりそういう「声」を出しています。「声」の良さとその人の魅力は、実は相関関係にあるのです。

さらに、伝わりやすい「声」、伝わりにくい「声」というのもあります。いくらプレゼンの内容が素晴らしくても、講演の内容が充実したものであっても聞いている人の記憶に残らないのは、その人の「声」が原因であることが多いのです。

「声」はトレーニングで変わります。「声」に意識を向けるだけで、今すぐにでも変わるのです。自分の「声」に自信がなくて、とか、生まれつきいい「声」じゃないからと諦めるのはもったいないです。ぜひこの本で、「声」が出るメカニズムや、「声」の持つ不思議なパワーのことを知り、トレーニングを積んで仕事や対人関係に活かしていただければと思います。

「声」で人を魅了することができます。
「声」で人を動かすことができます。
「声」で自分を変えることもできます。

そして、「声」で健康になることもできます。「声」を活用して豊かな人生を手に入れていただきたいと思っています。

この本には、どうやったら人を惹きつける効果的な「声」が出せるようになるのかを、「理論」と「実践」の双方から書いてあります。

「声」の大切さに始まって、「日本語の音」のこと、具体的なトレーニング、さらに日々の暮らしの中で良い「声」を出していくことであなたの人生がどう変わるかが書いてあります。

2年ほど前に私は、『「声」でキレイになる!』という本を出版しました。

題名の通り女性向けに、「声」を魅力的にして、「声」を意識することで、もっとキレイに若々しくなろうという内容の本です。

その本に書いた出版の理由とも重なりますが、こちらにも書いておきたいと思います。

私は、大学や専門学校で教鞭をとる傍ら、企業研修・ビジネスセミナーなどの講師をしており、「話す」ことが仕事に大きな比重を占めています。そこで、長時間話しても疲れない声の出し方を学びたいと最初思ったのです。

そこで、ボイストレーニングに通おうと思ったのですが、普通にボイストレーニングで検索すると、「歌う」ことが目的のレッスンが多いのですね。「歌う」のではなく、「話す」トレーニングがしたい。そうやって探すと、今度はいわゆる「話し方セミナー」になってしまうのです。この本の中でも詳しく書きますが、私は、「話し方」や「話す内容」以前に、まず大事なのは「声」だと考えています。私の望みは、話し方を変えることではなく「話すときの声」を良くしたいと思っていたので違和感がありました。

そこで気付いたのですが、私は「日本語音声学」というものを学生に教えており、「発声」のメカニズムは理解していました。また、長年講師を務めていて、なんとなく受講生の方々にウケのいい「声の出し方」も自分なりに会得してきました。「いい声ですね」という褒め言葉もいただくようになりました。

これはもう自分でやるしかない、教えながら自分も学ぼうと始めたのが「話すときの声を良くする」ためのワークショップです。

始めてからもう1年以上になります。その活動を通じて様々な人に会いました。

「自分の声に自信がないんです」

「声が老けてきたような気がします、若返りたい」

「スピーチで情けない声しか出なくて」

などなど。

そして気付いたのです。世の中には、自分の「声」で悩んでいる人が多いこと、「声」が変わればその人の魅力度がアップすること、「声」に自信が持てれば自分自身にも自信が持てること、「声」の大切さに気づくとその人の人生が変わることに。

「声」の持つ不思議なパワーのことももっとたくさんの人に知ってほしい。「あの人の声って素敵！」そんな「声」を手に入れれば、コミュニケーション能力が高まり、「声」の持つ不思議なパワーを自由自在に使いこなして、望み通りの結果を手に入れることができるはず。

そんな思いで本を書き上げました。

そして、その本の出版がきっかけで、セミナー講師向けやビジネスパースン対象の「声」の本をまとめてみたらというお話をいただき、ビジネス面での応用も取り入れ、もっと詳しくより幅広い層を対象にしたのが本書です。

「仕事に結果を出したい」みなさんの一助になれば幸いです。

本書の構成

第1章は、「声」がとても不思議なパワーを持っていること、対人関係において「声」がどれだけ大切か、「声」はどんな働きをしているのかが書いてあります。まずは「声」の重要性に気づいてください。

第2章は、いろいろな職業で「声」がいかに大事か、自身の仕事がどう変わっていくのかを説明しています。どう変えていけばいいのかというゴールを意識できるような職業別のイメージです。

第3章は、日本語音声学の理論から「言葉」や「声」について解説します。「声」が出る、というのはどのようなメカニズムによるものか、また日本語の「発音」などについて書かれています。専門的な話も多いですが、「声」についてきちんと知っていただければトレーニングへの理解も深まりますし、なにより、なぜトレーニングをしなければいけないのか、声を良くするためにどうしたらいいのかについて理解できます。

第4章は、「声」を良くするための、具体的なトレーニング法が書いてあります。手っ取り早くこちらから先に読んで、とにかく始めてもらっても良いでしょう。また、良い「声」を保つために、日々気をつけたいことも書きました。

第5章は、「声」によってここまで変わるという実践例を紹介してあります。様々な場面で、実際に「声」をこんな形で、こんな状況で応用できるという例を解説しています。

第6章は、様々な「声」に関する悩みと、その解決法を解説しています。自身に当てはまることがあれば、その悩み解消に役立ててほしいです。
第7章は、「声」を変えることで人生が変わること、「声」を意識することで日々の暮らしが良い方向に向かうこと、いい「声」を手に入れていかに自分の人生を豊かにしていくかが書いてあります。

さあ、「声」に意識を向けてみましょう!

【目次】

第1章

なぜ声を良くする必要があるのか

➤「声」とは何か、「言葉」とは何か

「声」のセミナーやワークショップなどで、私は必ず最初に参加者のみなさんにこういう質問をします。

「みなさん、声って何ですか？」

あまりにもわかりきったことを聞かれ、思考停止になる人もいらっしゃって、それなりに楽しい時間なのですが、「声」のことをきちんとわかっていただきたくて、いつも聞いています。

広辞苑には「人や動物が発声器官から出す音、音声」とあります。常日頃お世話になっているウィキペディアさんにも「**声**（こえ）とは、ヒトを含む動物の発声器官（主として口、喉）から発せられる音のことである」とあります。

まず「声」とは「音」なのだということを理解した上で、

「では、言葉とはなんでしょう？」

次に、こんな質問を投げかけると、途端に「情報や感情を伝えるもの」とか、「コミュニケーションの道具」などという、抽象的で優等生的な発言をする人がたくさん出てきます。広辞苑にも「ある意味を表すために、口で言ったり字に書いたりするもの」とあります。

いかがでしょう？これを読んでいるみなさんもそう思っていますか？もっとシンプルに考えてみてください。そもそも今みなさんが読んでいるこの本は何について書いてある本ですか？

実は、人間の言語を研究する学問である「言語学」において、「言葉とは意味を音声によって伝達する手段である[1]」と定義されています。

つまり「声」とは「言葉」を伝える「媒体」ともいえるわけです。

みなさんが「言葉」を使って「情報や感情を伝えて」いるとき、また「コミュニケーションの道具」として使っているとき、「声」という媒体で「音」をやりとりしているのです。

「言葉」を伝える「媒体」として、「文字」もありますが、毎日筆談しているわけではありません。ヒトは「音」を出して意思の疎通を図っているわけです。

世界に「言語」は、3，000から5，000あると言われています。しかし、「文字」はどのくらいあるでしょう？「アルファベット」「アラビア文字」「漢字」「ひらがな」「カタカナ」「ハングル文字」その他いろいろ。みなさんは、いくつ「文字」の種類を数え上げることができるでしょうか？

どんな文字があるか、何十個も数え上げられる人の方が少ないと思います。そうなんです、「言語」の数より「文字」の数の方が圧倒的に少ない、つまり、オリジナルの「文字」を持たない「言語」がたくさんあるのです。

「ヒトの言語」というものは、まず「音声言語」が先にあり、そこから文字が作り出されてきました。

太古の昔から、ヒトは「音」を発して意思の疎通を図ってきました。つまり私たちは、毎日「声」という「音」を出して、それを媒体としてコミュニケーションしているわけです。ならば、「良い言葉」を発するためには「良い声」、つまり「良い音」を発することを意識することも大切なのではないでしょうか。

では、オペラ歌手や俳優のような朗々とした響く声で話さないといけないのか、と思われた方がいるかもしれませんが、必ずしもそういうわけではありません。「良い声」にもいろいろあります。TPO (Time, Place, Occasion, 時と場所、場合に応じた使い分け) もあります。

オペラ歌手の方々は、オペラ歌手としての良い声を追求しているのです。この辺りは、あとでじっくり解説したいと思います。

話の内容も大切ですが、美辞麗句よりも、話し方まで含む、広義の「声の出し方」、「良い音の出し方」が大切なのです。そして「良い音」は聞いていて気持ちのいいものです。

さて、みなさんは日々「良い音」を出していますか？

➤「声」の働き、「声」は何を伝えるか

さきほど、広辞苑の「声」の定義を引用しましたが、その中に「音声」という言葉が出てきました。「声」と「音声」とは若干定義が違い、「音声」の方がもう少し広い範囲の意味を含みます。

詳細は第3章に書きますが、ここで「音声」について基本的なところを解説しながら、「声」にはどのような働きがあり、何を伝えているのかを説明していきたいと思います。

まず音声のことを研究する、その名も「音声学」というものがあります。そして言葉を研究する「言語学」があり、さきほども書いたように、「言葉とは意味を音声によって伝達する手段である」ので、「言語学」と「音声学」をまとめる上位概念として、「言語科学」といった名称もあるほどです。

ちなみに、私はいくつかの学校で「音声学」を教えていますが、「音声学っていったい何を教えてるんですか？」という質問をよく受けます。

「音声学」はまだまだマイナーな学問なんだなと実感させられます。私としては、地味ですけど、けっこう基本的で大切なことを教えているという気持ちでいるのですが…。

そしてその「音声学」では、「音声とは、人間が、意識的に、音声器官を使って、伝達目的をもって発す

る音[2]」と定義されています。

まさにコミュニケーションのための「音」なのですね。

そして「音声」は、主に以下の3つを伝えるとされています。

・「言語的情報」
・「パラ言語情報」
・「非言語情報」

「言語的情報」とは、文字どおり「言葉の意味内容、情報」などです。例えば「おはようございます」と誰かが発話した場合、ごく普通の日本人であれば「朝の挨拶」であると認識します。

次に、「パラ言語情報」というのは、イントネーションやリズム、ポーズ、声質などの「言語の周辺的側面」のことで（この辺りも第3章でじっくり説明します）、そこには「話し手の感情・精神状態、話し手が聞き手をどう待遇しているか」などが現れます。

たとえば、「おはようございます」を斬りつけるような紋切り型で発した場合、何らかの意図を聞き手は感じとりますね。「怒ってるのかな？」とか、「何か私に話があるんだろうか？」など。

また、相手の「おはようございます」に対して、語尾を上げて同じ言葉を返せば、「今、何時だと思ってるの?!」という気持ちがそこに読み取れるかもしれません。

そういった情報のことを「パラ言語情報」といい、「声」に含まれるとても重要な要素です。

そして最後の「非言語情報」とは、言葉の意味とは関係のない、話し手自身に関わる様々な情報です。性別や年齢、方言の訛りによってわかる出身地、どのような性格か、などの個人的な情報です。「音声」は、言葉の意味だけではなく、内心動揺しているとか、実は目の前の人のことを嫌っているとか、乗り気じゃない、怒っている、せっかちな性格だ、優しそう、など、かなりたくさんのことが聞き手に伝わっているのです。

聞き手は露骨に顔には出さないと思いますが、心の中では間違いなく「この人はこういう人だ」などと「声」でジャッジしているのです。

もちろん、やる気満々であるとか、信頼できそう、などの良い情報も伝わりますが、肝心なのは、話し手が意識していても、意識していなくても、良いことも悪いことも「伝わってしまう」という点です。「声」でたくさんのことが、いわゆる、バレてしまいます。言語の意味／情報以外の話し手の情報が、「声」によってたくさん相手に筒抜けになっているのです。

そして、ここが大事なところですが、それを逆手にとって「声」によって自分がどういう人間であり、どんなことを考えているか、どういう感情でいるのか、そういった自分が「伝えたい」情報を相手に向けて発することもできるのです。意識して、伝えたいことを「声」にのせることができるのです。

人はどうしても、話したいことを、話したい気持ちのままに、感情のままに、それによってどんな情報が相手に伝わるかも意識せずに、ただ発話しているということが多いのです。

「声」で伝わってしまう情報に、もう少し意識を向けたいものです。

➤ 他人の「声」に耳をすます

それならば、どんな「声」が良い「声」なのか。

この本の中で順を追って説明をしていきながら、そして読んでいるみなさんにも考えていってもらいたいと思っていますが、まずは手っ取り早く、他の人の「声」に耳をすませてみることをお勧めします。

巷には、たくさんの「声」が溢れています。わざわざどこかに出向かなくても、お金をかけなくても、様々な「声」を聞くことはできます。

電車の中でも仕事場でも、自宅でも外出先でも。

みなさんは、どんな「声」が心地よかったですか？

どのような「声」をいいと感じましたか？

どんな状況で「この人いい声だな～」と思いましたか？

誰かにかけてもらった「声」に、ホロリとなった、励まされた、癒された、そんな経験はありませんか？

たとえば、参加したセミナーの講師の「声」は気持ち良かったですか？

ヨガクラスのインストラクターの「声」が気持ちよくて寝てしまったことはありますか？

商店やスーパーマーケットなどで店員さんの「声」にふと立ち止まったことはありますか？

選挙前に街頭演説していた政治家の「声」はいかがだったでしょうか？

大好きなアーティストの「歌声」に感動するというのは誰しも経験しているでしょうし、お芝居を観に行って俳優さんの「声」、特に生の「声」にしびれた人も多いでしょう。

プロなんだから歌手や俳優の「声」がいいのは当たり前。そう思っている人が多いと思います。でも「なぜ」、「どのように」いいのか、考えたことがあるでしょうか？

プロの歌い手や俳優の「声」が、どのようにして私たちの心を揺さぶるのか、心に迫ってくるのか、物理的にどのような作用があるのか、改めて考えてみると不思議ですよね。

いくつか例をあげましたが、このように考えてみると、私たちの暮らしの中に「声」というものがとても重要な役割を果たしていることがわかります。

他にも、祭りの掛け「声」で心がウキウキする。スポーツや武道の試合中に選手が発する「声」、それに加えて会場に飛び交う「声」は、興奮を呼び、パフォーマンスをギリギリまで高めてくれます。

これも後述しますが、「声」は身体的なパフォーマンスの向上のためにも、とても有効なツールなのです。

では、逆を考えてみましょう。

みなさんは、どんな「声」で気分を害しましたか？

どのような「声」を嫌だと感じましたか？

どんな状況で「この人の声は不快だな～」と思いましたか？

誰かにかけられた「声」に、ムッとした、嫌になった、落ち込んだ、そんな経験はありませんか？

「声」は、私たちの行動、感情、モチベーション、パフォーマンスに大きな影響を及ぼします。

ぜひ、「いい声」「悪い声」ということを考える際に、まず他人の「声」に注意深く耳を傾けて、そこに何があるのか、なぜなのかを考えてみるといいと思います。「人の振り見て我が振り直せ」、まずは、良いものは真似をする、悪いものはやらないことから始めてみるといいかもしれません。

➤ 自分の「声」に耳をすます

これから提案することは、人によっては辛いことかもしれません。でも必ずやって欲しいことがあります。

「自分の声」を「他人の耳」で聞くことです。

自分が話しているところやパフォーマンスをビデオや動画に撮ってもらったとき、録音されている「自分の声」を聞くと違和感がある。「なんか違うな」と思ったことはありませんか？

これは、普段聞いている自分の声が、空気中を伝わる音ではなく、ダイレクトに伝わる「骨伝導」で聞こえてくるので、少し低めに響いているからです。

たとえば男性であれば、自分ではちょっと低めの渋い声だと思っていたのが、録音された声だと「薄っぺら」く「少々高め」に聞こえるのはそのせいです。

そして、「なんか違うな」くらいならまだいいのですが、「嫌だな、聞きたくないな」と思っているようだとちょっと心配です。

ひょっとしたら、まさに今この本を読んでいるあなたもそうですか？

ここでぜひ、みなさんにわかっておいてほしいことがあります。

録画されたビデオや動画から聞こえてくるその「声」こそ「他人が聞いているあなたの声」なのです。そして、より良くするために意識を向けないといけないのは、そちらの方なのです。

（他人が聞いている）「自分の声」に早く慣れるようにしてください。そこにどんな問題点があるか、どんな良いところがあるかをチェックすることを始めて欲しいのです。

かくいう私も、以前は録音された「自分の声」を聞くのが嫌いでした。「なんかカルいな～」「薄っぺらいな～」なんて思っていました。

しかし、まず「他人が聞いている自分の声」をきちんと認識していないと、いつまでたっても「声」をより良くすることができません。

さて、ここで「やっぱり聞くのは嫌だなぁ」と、挫折してしまいそうになる（この本を閉じてしまいそうになる）人がいても困るので、アドバイスを。

録画された自分の話し方がパーフェクトだと思っている人、録音された「自分の声」を聞いて、自分でも素晴らしいと思う人は、多分この本を手に取ることはありませんし、「良い声を」なんて求めてはいないと思います。

この本を手に取ったみなさんは、これから「良い声」になっていけばいいだけの話です。過去は関係ありません。人は、今目の前で話している人の「いい声」に耳を傾けるのであって、過去と比べようとする人なんていません。

「良い声」は一生モノです。何か機材を運ばないといけないわけではありません。とっても簡単に使えて、どこでも持ち歩ける「便利な道具」です。ぜひ、頑張ってトレーニングしてください！

そして、完璧を求めすぎてはいけません。まずは今の自分の立ち位置を確認して、そこからいかに良くしていこうかと考えることが大切です。少しずつでいいのです。

まず大切なことは、「自分の声」を好きになってあげてください。

「自分の声が嫌い」という人は、ぜひ、近しい人に「私の声ってどう？」と、聞いてみてください。きっと「え?別に、そんなに変な声じゃないよ」って言ってくれますから。「前からいい声だと思ってるよ」なんて嬉しいことを聞けるかもしれません。

「そうは言ってもね～」とまだ躊躇している人へ。

「慣れ」です。録音された「自分の声」を何回も聞いていれば、大して気にならなくなります。ホントです。

先ほども書きましたが、人は、話したいことを話したい気持ちのままに、感情のままに、ただ発話していることが多いのです。それによってどんな情報が相手に伝わるかも意識せずに話している、「声」を出しているのです。それはとてももったいないことだと思います。

人は誰しも、形や大小が違っても、同じ機能を持つ「音声器官」（これの詳細は後述します）を持っています。それを意識してうまく使っているかどうかなのです。

自分ではそんなつもりもないのに、相手を嫌な思いにさせてしまうような「声」を発しているかもしれない。相手を奮い立たせないといけないのに、反対に萎縮させてしまうような「きつい声」を出しているかもしれない。

そんなことを、少しでもいいから意識して、そして「自分の声」に耳をすましてみる。

焦っているとき、動揺しているとき、どんな「声」が出ているか。怒っているとき、悲しいとき、嬉しいときなど、さまざまな場面で自分がどんな「声」を出しているのか、そういうことに意識が向くようになると、「良い声」のための第一歩が踏み出せると思います。

➤「声」とはその人の持つパワー

みなさんは「人の発する声」に圧倒されたことはありませんか？

人の発する「氣」、人の発する「エネルギー」に圧倒されたと感じたことはありませんか？

人の持つ、または発する「氣」や「エネルギー」は、「声」に現れると私は考えています。

それは、必ずしも大きな「声」を出して聞いている人を圧倒するということではありません。静かな声だけど毅然としていたり、小さな声だけれど明らかに怒りがこもっていたり、控えめだけど抑えようもない喜びが溢れていたりします。

また、ある人の「声」を聞いて、身の引き締まるような思いをしたことはありませんか？思わず背筋が伸びてしまうとか、シャキッと目覚めたような経験はありませんか？

ここまで書いていてふと思うのが、昔の、特に戦国武将の「声」はどんな風だったのだろうということです。

何百人、いや何千人もの荒くれ男たちを黙らせ、ビビらせ、そして勇気を奮い立たせ、戦いの場に送り出す、または導く。感動させ、士気を高め、鼓舞し、「いけるぞ！」という思いにさせる武将の「声」はいったいどんな声だったのだろうと思います。想像するだけでも楽しくないですか？

実際にそれを聞くことは無理ですが、たくさんの史料にその武将の一声で家来が奮い立ったというエピソードが残っています。

また、戦いの現場において、阿鼻叫喚の叫び、剣戟の音、馬のいななきそのほかのさまざまな騒音の中で、かつ、そこにいるほぼ全ての人間が「狂気」を発しているような場で、「突撃！」の指令を出す。

反対に「退却」の命令を出すなど、ただ単に大声を出すだけでは、とてもじゃないですが、人はついてこなかったのではないかと想像できます
場数を踏み、強い精神力、凄まじい気迫を持った人間が出す「声」によってたくさんの人がリードされたのではないでしょうか。

凛とした「声」が、その場の雰囲気を決定づけてしまうことがあります。私は、その人の持つエネルギーや「氣」が、「声」という物理的な形をとってその場に作用するのではないかと思っています。

「声に重みがある」、「鶴の一声」などの言葉がありますが、これは立場や地位だけでなく、リーダーの持つ「気迫」「エネルギー」が「声」に出ているのでしょう。

➤「声」を理解していないと「話し方」「伝え方」を学んでも無駄？

はじめに、でも書いたように、私も人前で話すことが多く、「歌うボイストレーニングではなく、話すと

きの「声」をよくしたいと思っていました。

しかし、最近でこそ、そういったレッスンをしてくれる学校や講座が増えましたが、昔はなかなかありませんでした。

私としては、たくさんの人がボイストレーニングの重要性に気づき、スポーツ選手が専属コーチについてトレーニングするように、スポーツクラブでインストラクターの指導によってカラダづくりをするように、そして、病院その他専門機関などからのアドバイスをもとに減量に励むように、そんなふうにいつも相談できて、トレーニングを行ってくれる専任のボイストレーナーを見つけることができたら素晴らしいなと思います。

高いパフォーマンスを保持したいスポーツ選手が、身銭を切っても優秀なコーチにつくように、ビジネスパースンが専属のボイストレーナーのもとに通い、トレーニングするようになれば、もっとビジネスの質が上がるのではないかと考えています。

また、「話し方」講座を受講したり、「伝え方」を学ぶだけで、「声」に対する認識が改まらない限り、付け焼き刃で、結局無駄に終わるではないかというのが私の危惧するところです。

ビジネス研修などで「発声練習」をされた方も多いと思います。朝の朝礼や、開店前のルーティーンとして、「おはようございます」「いらっしゃいませ」「ありがとうございます」を唱和するお店も多いと思います。

確かにその研修直後には、「声」は変わります。話し方も変わったように思えます。唱和するときにはきっと元気良く唱和しているのでしょう。

でも1日経ったら、ひどい人は（というか素直な人なのかもしれませんが）、1時間後にはいつもの「声」、

「話し方」に戻っているのです。

これは、やはり「声」の大切さ、重要性がいまひとつ身にしみていない。実感できていないことに原因があると思います。別に「声」が変わったからといって売り上げが変わるわけでもないとか、ただリーダーの声に合わせて唱和しているだけ、などという人が多いのではないでしょうか。

「声」によって何かが変わった、「声」というものがこんなにパワーを持っている、という実感に目覚めること。

さらに言えば、「声」を戦略的に使うこと。自分の「声」が相手に何を伝えているか、反対に、自分の「声」から相手が何を読み取っているか、そういったことを常に意識して「声」を発すること。

そんなふうに、「声」という素晴らしい道具を十分に理解し、使いこなせることを目指していないと、ただ「話し方」講座を受講したり、「伝え方」を学んでも意味がないのではないかと私は思うのです。決して「話し方」講座を否定しているのではなく、もう少し「声」にも着目してもらえればと思います。

これを読んでいるみなさんは、生まれて言葉を発するようになってから何年目でしょう？長い年月でついた癖はなかなかとれません。

何も考えてなければ、普段から意識していなければ、「声」は簡単には変わりません。

➤「声」は変わる

しかし、「声」は意識付けとトレーニングによって確実に変わります。

現在歌手として、俳優として活躍している人たちも、すべての人が最初から「素晴らしくいい声」だったわけではありません。小さい頃から「美声」で有名だった人もいるかもしれませんが、大多数の方は、歌手になるために俳優になるために、その過程において「いい声」を習得しているのです。

特に、男性であれば子供の頃は「透き通るような声」、たとえばウィーン少年合唱団のような「声」であったとしても、必ずある時期に「声変わり」をします。

その後、成人男性としての「いい声」を習得するために血の滲むような努力をしているのです。その努力の結果、今の地位を築いています。

音楽大学の声楽科に入学するには、入学試験に受かる必要があります。ですから中高生の頃から専任の先生についてトレーニングしていることが多いです。

しかし見事合格後、新入生から3、4年生になるにつれて、さらにレベルが上がっていくのです。絶え間ない練習の成果だと思います。

授業、日々の練習、演奏会のためのリハーサル、そして本番の繰り返しで着実に力をつけていきます。

最初からきらめく才能、素晴らしい「声」を持っている学生もいますが、普通は新入生のときの「歌声」と、4年生や大学院生になってからの「歌声」は明らかに違います。加えて海外に留学したり、何人もの先生について長年修行する人もいます。

「声」は変わるのです。

声楽家になるつもりも、歌手や俳優になるつもりもない人はそんなに厳しい修行をしなくても、ちょっとした意識付けや、長年の癖に気づくことで「声」は確実に変わっていきます。

いい「声」を手に入れることに、少しだけでもいいので、時間と労力を振り向けてみませんか？

年配の方で、長年の癖でしょうか、ひたすら大声で、いわゆる「がなる」ような喋り方をする人もいます。

自分の「声」にまったく無頓着で、聞いている人を不快にさせているとは、自分では気づいていないのでしようね。

「声」は、変えようという気にならなければいつまでたっても変わりません。最初は、メリハリをつけて「声」を出すだけでもいいのです。ほんのちょっとしたことで変わる人もいます。

後述する「音声を作り出す器官」は、先天的な障害がある場合を除いて、誰にも等しく備わっているものです。人によってその器官に多少の違いはあれど、本来はみんないい「声」のはずなのです。

➤「声」によって人は変わる、「声」がその人を作る

優しい人はどんな「声」を出していますか？

自分にも他人にも厳しそうな人はどんな「声」ですか？

せっかちな人は？

おっとりした人は？

気が弱そうな人の「声」は？

怖い人の「声」はどんな声？

そういう人だから、そういう「声」が出ているのでしょうか。

優しい人だから優しい声が出るのでしょうか。

「声」はその人を表していますね。しかし、実はその「逆も真なり」、なのです。

きつい性格を直したいのなら、いつも「優しい声」を出すようにしたらいいのです。昔から付き合いのある知人が、驚き、疑いの目を向けるかもしれませんが、そういう視線はほっといてください。初めて会った人なら、そういう「声」を出すような人だと思ってくれます。昔からあなたの周りにいる人も、あなたがい

つもそういう「声」を発していれば、知らず知らずのうちにそういう目で見てくれるようになります。

せっかちな性格を直したいのなら、努めてゆっくりとした「声」を出してみるといいと思います。言葉をゆっくり発話するようにしてください。動作もゆっくりになり、せっかちな心も穏やかになっていきます。

たとえ腹の中は煮えくり返っていても、冷静な「声」が出せるように頑張ってみてください。平静時に出している「声」を出そうと努力してください。アンガーマネージメントの理論では、人は6秒経過すれば、瞬間的な怒りは消えるそうです。

気弱な自分が嫌なら、常々「自信を持って言い切る」、そんな「声」を出すようにしてください。心の中で不安におののいていても、表面上そういうフリをするだけ、そういう「声」を出すだけでもいいのです。だんだんそういう人になっていきます。

頭ではわかっていてもそんな「声」は出ない、ではありません。出そうとするかどうかです。金縛りにあったときは「大きな声」を出すと良いそうです。無理矢理にでも「大きな声」を出すことで呪縛が解けます。

「声」によって自分を作り替えていく。

いかがでしょう?チャレンジしてみませんか?

➤ 良い「言葉」は、良い「声」から

「ありがとう」は素晴らしい言葉ですが、その言葉をなげやりに発したらどうでしょう?嫌そうな「声」で発したらどうでしょうか?

暖かく包み込むような「声」で、「大丈夫だよ」って言ってあげたくないですか?自信がなさそうな「声」で、震える「声」で、「大丈夫だよ」って言って欲しいですか?

「言い方」、「話し方」というのは、どんな単語を用いて、どんな発話文にして自分の言いたいことを表すのかという、言葉そのものの運用の仕方でもあるのですが、実は「声の発し方」でもあるのです。

「そんな言い方はないだろう！」と相手の言葉に怒りを覚えるとき、それは相手の言葉の選び方にカッとなって反応していることもあるのですが、相手の本音が現れる、そういう「声」に反応していることでもあるのです。

「声」は、パラ言語情報、つまり「話し手の感情・精神状態、話し手が聞き手をどう待遇しているか」を伝えるものでした。良い意味の言葉、前向きな言葉を使っても、そこにそういう気持ちの「声」が伴ってなければ、逆効果になります。

ぜひ、良い言葉を良い音（声）で発話するようにしてください。

＊　コラム「いい声はモテるのか？」

さてここで、誰もが気になることをはっきりと書きましょう！

「いい声だとモテるのか？」

はい、モテます。それは間違いないです。

ほとんどの女性は「いい声の男性」が好きです（その人の「声」だけが好き、という場合も、ままあるかもしれませんが…）。

ぜひ、周りの女性にアンケートしてみてください。

ここで、これを読んで「いや、俺の声は良くないからな〜」って思っている男性がいらっしゃると思いますが、第1章で何度も書いたと思います。トレーニングと意識の持ち方で声は変わります。

同じような音声器官をもっているのだから、誰でもいい声は出せるはずなのです。確かに、誰もがあの俳優（想像してみてください、素敵な声の持ち主はたくさんいますね）のようないい声は出ないかもしれませんが、人によってそれぞれの「あなただけのいい声」は必ず見つかります。

加えて、本当はいい声なのに、これも第1章で書きましたが、自分の声に自信が持てていない人がとても多いです。

まだまだ、いい声を出すことが照れくさい、自分の声じゃないみたい、「そんな風にカッコつけたくない」なんて思っている人もたくさんいます。

私が主宰する「声のワークショップ」でも、自分の声に自信がない男性の参加者の声を、参加者の女性に聞いてもらって意見を求めると、決して良くない声が出ているわけじゃない、そんなに悪くない、そんな回答がほとんどです。

そして、男性としては照れくさくなるような、なんかカッコつけすぎじゃないか、なんていう「いい声」を発すると、女性陣には大人気なのです。

考え方を変えましょう。

もちろん、女性だっていい声はモテます、当たり前です！

ここで、動物行動学研究家である竹内久美子さんの提唱する説を紹介しましょう。竹内さんは著書の中で「いい声の人と結婚しなさい[3]」、とまで書いています。

そして、声の良さに惹かれる理由を、アメリカでの研究結果を元に「いい声の人ほど、体がシンメトリーであり、免疫力が高いことがわかる」と書いています。シンメトリーとは左右対称ということです。つまり体も顔も整っているということですね。

身体がシンメトリーであることは、遺伝的なこともあると思いますが、声の良さは体が整っていることを示し、本能的に声の良さに異性は惹かれてしまうというわけです。

後述しますが、声をよくする努力は「心身の健康」ももたらします。声をよくすることで、即イケメンにはなれないかもしれませんが、他の欠点をカバーしてくれる武器を手に入れることができます。

「何かを成し遂げるには不純な動機からでも構わない」という有名な格言があります。（誰が言った言葉かは忘れました！そんなことは関係ないです！私も同じ意見です！）

男性が、たとえば高校生の頃、ギターを弾き、バンドを組むのは音楽を愛しているからではありません（もちろん音楽「も」好きなのかもしれませんが）。

ただ「モテたい」からです。

ぜひ、不純な動機からでもいいので、「声」をよくすることを考えてみませんか？

男性は、たとえば服装であったり、持ち物であったり、コロンなどにこだわりがある人が多いと思います。また体型や髪型をなんとか見栄え良くしたいと頑張っている人も多いでしょう。

女性はもっと、メイクやヘアやファッションに気をつかっていると思います。もちろんエステその他でお肌や体型などの維持にも。

ならば、そこに費やすお金と時間を、ほんの少しでも「声」を良くすることに使ってもらえたらいいなと私は思っています。ほんの少しでいいのです。

後述しますが、日々のトレーニングや習慣を変えるのにそんなにお金と時間は要りません。

あ、今、この本を立ち読みしている方！

この本はちゃんとお金を払って買ってくださいね！

「ボイストレーニング」に通うのも、女性が美容院やエステに通う金額に比べたら微々たるものです。

声を良くすることで手に入れることのできる「もの」「こと」。

この章の表題「なぜ声を良くする必要があるのか」が、少しずつわかっていただけたでしょうか？

次章以降でもう少し詳しく説明していきますね。

1 町田健・籾山洋介『よくわかる言語学入門』バベルプレス
2 鹿島央『基礎から学ぶ音声学』スリーエーネットワーク
3 竹内久美子『ウソばっかり！人間と遺伝子の本当の話』ワニブックス、P.3

第2章

さまざまな職業における「声」の重要性

第1章で「声」の重要性についてさまざまに書いてきましたが、この章ではもう少し職業別に具体的に書いてみたいと思います。

「いい声」が大事、といっても、誰もがオペラ歌手のような声になる必要はありません。俳優のような「渋い声」でないといけないわけでもありません。それぞれの職業で必要とされている「声」があります。

TPOを考え、さらに目的に応じて適切に使い分けないといけない「声」があり、その場の状況に最もふさわしい声」、それが「良い声」の定義だと私は考えています。

たとえば、電車の車掌さんやバスガイドの方々の「声」は独特です。これは「声の抑揚」と「声質」が重要なポイントです。ざわざわとして騒がしい車内の騒音にかき消されないように目立ち（耳立ち？）、「ちょっと変わった声が聞こえている」という注意喚起を促し、また車内放送が、車内の話し声と同化してしまわないように、あえてあのような抑揚にしていると言われています。

「職業と声」、そんなテーマで少し書いてみたいと思います。

➤ セミナー講師

まさに「声」によって、仕事の成果、セミナー参加者の満足度が変わってくる職業といえるでしょう。

まず、何をおいても「声」が出なくなっては仕事になりません。

長時間話すと声が枯れてしまう。丸1日話していると、喉が腫れ、痛みを覚えるようになってしまう人も多いと思います。具体的には後述しますが、声が枯れない話し方、喉に負担をかけない「声の出し方」を会得していると、仕事そのものがグッと楽になります。講師がリラックスして話しているのと、苦しそうに「かすれ声」、「ガラガラ声」で話しているのとではかなり印象が違ってきます。

私も以前は、講演やセミナー等で「一生懸命」話し、これを語りたい、これは話しておかねば、という気持ちのまま、喉の調子などお構いなくずっと喋っていたために喉を痛めたことがよくあります。

それも「声」に関して勉強してみようというきっかけのひとつになったので良い思い出なのですが…。

過去に、3日間朝から晩までのぶっ続けのセミナーなどもやったことがあります。当時は、1日目が終わるとグッタリでした。喉も痛くなり、のど飴が欠かせない3日間だったことをよく覚えています。「良い声」を持続して出すための「喉力」（？）もセミナー講師にとって大切な要素だと痛感しました。

次に、「声の出し方」、「音色（声色）」によって聴いている人たちの反応が変わることは、講師の経験がある方ならなんとなくわかっている人が多いと思います。

「声」を、いつもベストの状態に保っておくこと、セミナー講師にとってとても大切な事ですね。

たとえば、学生の頃のこんな記憶はありませんか？

ある先生が教壇に立って話し始めると、さっとみんながお喋りをやめて注目する授業と、出席を取り始めても、いつまでたってもざわざわと落ち着かない先生の授業、そんな思い出はないでしょうか？

もちろん原因はいくつもあるでしょう。とても厳しい先生、生徒からちょっと軽く見られている先生、人気のある先生、いろいろな先生の個性やクラス内の雰囲気などもあったと思うのですが、原因の1つとして、教壇に立った先生の「声」が大きな要素となっていることが多いのです。

ベテランの先生、講師の方々は、「こんな声を出すと注目を浴びる」、「こんなふうに語りかけるとみんなが耳を傾ける」「こんな声を出すと、手元に落ちていた聴衆の視線がこちらを向くのを感じる」、そんなことを、経験則で理解し、自分のものにして、それを無意識に実践しています。

悪い例としては、新人の先生やセミナー講師になって日の浅い方々は、聴衆の反応が鈍く、きちんと聞いてくれていないといった状況で、無意識に大きな声を出そうとしてしまいます。

ざわざわと私語の多い場では、それを上回る「大きな声」を出そうとします。

しかしそうしてしまうと、講師の「声」はただの雑音と化してしまい、生徒やセミナー参加者が余計に聞きたくなくなるという状況を生み出してしまいます。

もちろん滑舌にも注意しないといけません。ひとつひとつの日本語の音が正確に発音できるようトレーニングも必要ですね。

聞いている方々に耳を傾けてもらえるような「声」を出す。

語る内容が充実していることがもちろん大切なのですが、この人の話に耳を傾けてみようという気にさせるために「声」に気を使うこと。

セミナー講師にとっては必須条件であると思います。

特に聴衆に女性が多いときなど、「この声、生理的に嫌」なんていう印象を持たれては一大事です。

また、マイクを使うことも、時と場合に応じて細かい配慮が必要だと思います。そんなに広くない場所であれば、「生声」の方が生き生きと聞こえることが多いようです。

反対に、あまり声に自信がない人はマイクを有効に使って、喉に負担を与えないように、そして後ろの席まできちんと聞こえるようにしないといけません。

講師の声が聞き取りづらかった、などと、事後のアンケートに書かれてしまったことはないでしょうか？

内容に関係ないところでクレームをもらってしまうのは損ですね。

ただし、マイクを使うと、その聞こえてくるときの振動が心地よくて思わず聴衆が気持ち良く寝てしまうという欠点もあるのでご注意を。

➤ 営業職

顧客が耳を塞いでしまいたくなるような「声」で一生懸命商品説明をしていないでしょうか？　限られた時間に、盛りだくさんの情報を提供して、とにかくお客さんに商品のことを分かってもらいたい、気に入ってもらいたいと頑張るあまり、「とても大きな声」で、「切羽詰まった声」を出している営業マンがいます。

果たしてこれは効果的なのでしょうか？

「営業マンはまず聞くことが9割」といった心得を説く人もいます。

饒舌に語る人間に対して、人は何かしら疑いの目を向けることが多いものです。早口で決めつけるように話されると、聞いている人は「騙されないぞ」という気持ちの方が先に立ちます。

しかし、自分の「声のトーン」まで気を使っている人はどのくらいいるでしょうか？

営業マンの「声」に苛立った様子を感じ取ると、顧客は「ちょっと待てよ」という気になります。ゆっくり「低い声」で説明する方が信頼してもらえます。

そして、営業というのは、たくさん語ればよいというものでもないと、営業職の方々なら研修その他で聞かれたことがあると思います。

こういったことが頭では分かっていても、人間はつい感情に駆られて「声」を出してしまうものなのですね。

営業職たるもの、どんな「声」がお客さんにいい印象を与えるのかを、常に頭の片隅に置きながら話すべきだと思います。

➤ ビジネスパーソン

普段の仕事においても良いパフォーマンスを、と思うなら「声」に意識を向けると良いかもしれません。

1日の起きている時間の多くを職場で過ごしている人も多いと思います。

1日24時間、睡眠時間を8時間とすると、起きている時間は16時間、たぶんその半分以上は職場にいる、もしくは仕事のための時間（通勤時間なども含めるともっと？）ですよね。

もしそうであれば、あなたの「声の習慣」は職場で形作られているのではないでしょうか？あなたの1日における「声を出す時間」は、大半は仕事の場において、かもしれません。

少し具体的に考えてみましょう。

朝晩の職場での挨拶の「声」、

電話などで顧客と対応する「声」、

初対面の方との挨拶の「声」、

複数の顧客との商談などでのアイスブレイク[1]のときの「声」、

上司と接するときの「声」、

同じく部下と接するときの「声」、

同僚、仕事仲間と話すときの「声」、

雑談のときの「声」、

会議における発言の「声」、

クライアントの前でプレゼンするときの「声」、

ここで契約をクロージングしたい、ここぞというときの「声」、などなど。

これらは全部「同じ声」でいいのでしょうか？

ひとつひとつ、意識していますか？

もちろんそれなりにそれぞれ気を使っている方も多いと思います。

しかし、この場合にはこういう「声」を出すと、それぞれの場面・場面で常に意識し、出している人は少ないと思います。

「感情に任せた声」や、何も意識しないまま思わず「声」を出している人が多いのではないでしょうか。

ひょっとすると、自分の「声」がパワハラになっているかもしれないということに注意を払っているでしょうか？

➤ インストラクター

セミナー講師のところでも書きましたが、インストラクターも同じく「声」がとても大切な職業だと思います。

インストラクターとは、「仕事・技術などを、教育・訓練する人、指導する人」という定義があります。

また「ある特定のスポーツの指導をする人」という意味で使われることも多いようです。

共通しているのは、常に人と接する職業であるということです。そしてほとんどの場合「声」で指示を出し、コミュニケーションしています。インストラクトされている方を励まし、導く「声」とはどういうものか、どういう「声」でインストラクションを出せば有効なのか、常に試行錯誤していくことが必要です。

たとえば、ヨガやマインドフルネスのインストラクターが「瞑想」への誘導をするといった場合には、普段自分が出しているような「声」では誘導がうまくいかないこともあります。

特殊な目的のためのインストラクターは、ごく普通のビジネスにおける「声」とはまた違った「声」が必要になってくると思います。

そして「声」が疲れないように努めることもセミナー講師と同じですね。

特に、スポーツ関係のインストラクターは動きながら声を出すことが多いのでかなり喉に負担をかけます。たとえば、激しく動きながら指示を出す、エアロビクスのインストラクターの方で、声が枯れてしまってガラガラ声になっていた人に会ったこともあります。

その方は「職業病です」とおっしゃっていましたが、予防する手立てを考え、実行することも大切だと思います。

➤ スポーツその他の指導者

上記のインストラクターと呼ばれる方々とは別に、たとえば少年野球の指導者、プロのスポーツコーチ、部活の先生、大学の体育会所属の運動部のコーチの方々の「声」について書いてみたいと思います。

サッカーや野球など、子供たちを指導するコーチの方々、体育会系の部活、運動部で指導される方々に顕著なのが、「大声」、「威圧的な声」です。

とにかく大きな声を出せば、こちらの言うことを聞くと考え（実際に言うことを聞くので）、経験的に「小さな声」より「大きな声」が良いと考えている人が多いと思います。

しかし「大きな声」は、聞いている人を〈委縮させているだけ〉ということが多いようです。特に子供達は大きな声が怖いから盲目的に「はい」と言っているだけです。「叱る」ことと、自分が怒っているその「感情の爆発」とを混同してもいけません。「怒る」ことを「指導」だと勘違いしてもいけないのは当然ですね。

体罰がなくならない1つの理由として、ある子供がミスをして、そのミスがなくなるよう指導者は指導しているつもりでも、「威圧的な声」で指導されたとき、それを教えられている当の本人が萎縮し緊張して、言葉が頭に入っていない状態のことが多くあります。

しかし、「わかったな?」と強い調子で言われると、そこで「いや、まだわかりません」と言える子供は少ないのです。

だから、もう一度同じ間違いをしてしまう。

指導者は「さっき注意したばかりなのに」と、もっと大きな声で注意する。怖いのでひたすら子供は「はい」と言う。でも、根本的なところがわかっていない。

わかっていなければまたミスをする。そしてそのときに「何度言ったらわかるんだ」と、つい手が出てしまう。そういう状況が考えられます。

子供たちが耳を傾ける「声」、萎縮させない「声」、学生たちが盲目的に「はい」と言ってしまわないような「声」は、いったいどんな「声」でしょう?

もちろん「優しい声」がいつもいいと言っているわけではありません。

具体的には後述しますが、まずは考えてみましょう。自身の「声」を振り返ってみてください。

指導者の「わかったか!」という「声」に、子供たちが全員「声」を揃えて「はいっ!」と言う。そのこと自体はお互いに気持ち良いことなのです。

その快感に溺れてしまわないように、自己満足に陥らないようにした方がいいと思います。

➤ 教師

これを読んでいるみなさんは、学生時代の先生の「声」を覚えていますか？具体的な音声はもちろん覚えていないと思いますが、その「声」を聞いたときの「心の動き」は覚えているのではないかと思います。「声」の違いによって、教えられた内容の受け止め方が違ったこと、そんな経験はないでしょうか？

昨今、小・中・高の教師の方々の労働環境の苛酷さはよく知られるようになってきました。「職場の現状を見に来てくれ、声のことなんて考えている暇はない」と先生方が言われるかもしれないのはよくわかります。

しかし、職場の環境は一朝一夕では変わらず、ましてや自分たちの力では変わらないかもしれませんが、自分の「声」は自分で変えることができます。

クラスが崩壊してしまったカオス状態ならいざ知らず、普通はまず先生が「声」を出すところから授業は始まります。

自分の職場を、仕事環境を、クラスの雰囲気を変えるのに有効な手立てのひとつとして「声」のことを考えてみてもいいのではないでしょうか。

考えてみれば、教師という仕事は、この第2章で順に書いてきた、セミナー講師のように、ある情報を的確に分かりやすく教える仕事でもあり、生徒をその気にさせる営業マンであり、指導するインストラクターであり、生徒の資質やパフォーマンスを高めるコーチでもあります。

「声」に関して考えるべきことがたくさんある職業といえるかもしれません。

ご自分の「声」がいかに生徒に影響を与えるか、ぜひ知ってほしいと思います。もし可能なら、私は「声の大切さ」を説きに、全国の小・中・高を行脚したいくらいです。

また自身の滑舌の悪さなどを気にしている先生もいらっしゃるかと思います。

私が知らないだけで、小・中・高の先生方向けの「ボイストレーニング」や「話し方教室」のようなものが、実施されているのならいいのですが。

もしそうでなければ、次章以降を読んでいただき参考にしていただければと思います。

➤ 保育園、幼稚園の先生

「ほいくえんのせんせい」や「ようちえんのせんせい」向けの「声のワークショップ」をやらせてもらったことがあります。

個人的にとてもやりたかったからです。

なぜか?子供たちは大人の「声」にとても敏感だからです。

大人たちのように理屈で捉えていない分、頭で考えず「感性」で聞き取っています。

世の荒波に揉まれ、鈍感になっている大人たちと違って、感性豊かな子供たちは、言葉の内容より、「せんせいのこえ」から、とてもたくさんの情報を受け取っています。「せんせいのこえ」で、感情が左右されます。影響が大きいのです。

だから、幼児、子供たちへの語りかけには注意を払ってほしいと思います。

せんせいが何気なく発した「尖った声」に、小さな胸を痛めます。

「暖かな声」に包まれて幸せになります。

子供たちがいきなり怒り出したり、意地悪になったり、反抗的になるのは、「せんせいのこえ」のせいで不安になるからかもしれません。

甘えてきたり、素直になるのは、やはり「せんせいのこえ」の影響を受けているのだと思います。

「そういうことをしてはいけないのだ」と子供が思うような「声」は、どんな「声」でしょう。「この人のそばなら安心できる」と思われるような「声」は、どのように発したら良いでしょう。

きっとベテランの先生方なら感覚的にわかっていると思います。

「話の内容」よりまず「声」ですね。

➤ カウンセラー

ここで「良い声」の定義をもう一度考えてみましょう。この章の最初に以下のように書きました。

TPOを考え、さらに目的に応じて適切に使い分けないといけない「声」があり、その場の状況に最も「ふさわしい声」を出せること、それが「良い声」の定義だと私は考えています。

「響く声」、「よく通る声」だけが素晴らしいわけではありません。

目の前の人に語りかける、優しく寄り添う、励ます、押し付けがましくなく助言をする、相手から話を聞き出す、そんなことが目的の「声」があるはずです。

私はよく「声のワークショップ」で、コントをやります。

居酒屋の店員や、寿司屋の大将の「声」でカウンセリングをやり、カウンセラーの「声」で、居酒屋や寿司屋で対応するっていうコントです。ちょっと想像してみてください。

「へい！いらっしゃい！」「今日はどうされましたかぁ～？」ってカウンセラーが開口一番、大きな声で叫ぶっていうのはいかがでしょう？

居酒屋の店員さんに、「わかりました。とりあえず「生」なんですね、ここにいらっしゃるみなさん、まずそうおっしゃいます」なんて落ち着いた口調で言われたらどうでしょう?

書いていて、「声」を文字で表現するのはなかなか難しいことを実感します。

でもなんとなく雰囲気はわかってもらえましたか?

その場にふさわしい「声」、じっくりと考えてみませんか?

もちろんカウンセリングにもさまざまな手法があるかとは思いますが、「声の出し方」についてカウンセリング手法と同じように考えてみてもいいかと思います。

さらに、「声」について勉強することで、カウンセリングしているその対象の方の気持ちや、心の動きについてより深い洞察が得られるようになると私は思っています。

➤ 政治家

とても残念です。

みなさん、たとえば選挙前の街頭演説できちんと言葉が聞き取れたことがあるでしょうか?私はほとんどありません。たぶん日本の政治家(及び、議員になりたいと思っている人)は、演説が効果あるものだと思っていないのでしょうね。まずは街頭に立っているという実績を作ること、人目に触れること、ただ名前を連呼することの方が大事だと思っているような気がします。

実際、そのほうがいいのだと選挙参謀のベテランの方が書いているのを読んだことがあります。有権者はその人が街頭で「何を」喋っているかという内容より、頑張っているなという「印象」によって、その人のことが記憶に残るということだそうです。

マーケティングにおける4番目のP、プロモーションですね。

人は、商品の良し悪しより「その商品を知っているかどうか」で買うかどうかの判断をするというものです。

支援者が集まる集会では、さすがに何を言っているかわからないような演説はしないものの、やはり「大きな声」を出すことが効果的だと考えている人も多く、あまり「声」には気を使ってなさそうな話し方です。

きっと、選挙に勝つためには「根回し」「挨拶回り」その他、冠婚葬祭やいろんなイベントにとにかく顔を出すことなどが「演説」よりも大事なのでしょう。日本の有権者もなめられたものだと思いますが、それが現実なのかもしれません。

はい、「声」の話に戻ります。

欧米のやり方がすべて良いというつもりはありませんが、欧米の政治家、エスタブリッシュメント（社会的に確立した体制・制度や、それを代表する支配階級の人々）たちは、「スピーチライター」と「ボイストレーナー」を使って、いかに自分たちを魅力的に見せるか、パフォーマンスを高めるかに腐心しています。

チャーチルやヒトラーがなぜ国民を魅了したのか。

その主な要因は演説です。

それらの演説の草稿も録画も残っていますが、たぶん、その場にいてその実際の「声」を聞いたときの感動はまた別物だったでしょう。

残念ながら、NHKテレビ・ラジオで実況され、私たちが聞くことのできる、国会での演説や質問でも、政治家の方々は自分の「声」のことなどまったく気にしてないんじゃないかと思う方がほとんどです。

そんな日本の状況ですが、「声」が良い政治家もいます。

たとえばよく知られている政治家で例をあげるなら、立憲民主党の枝野さんの声は明瞭です。（もちろん

これは、枝野さんの政治信条その他に一切関わりのない意見です）

しかし明瞭さが何より良いわけでもありません。

古くは、田中角栄さんの「ダミ声」も有名でした。小泉さんの「突き刺さるような声」もまだ記憶に新しいと思います。

「特徴的な声」は、人々の記憶に残るのです。

日本の政治家のみなさんも、有権者にきちんと届く「声」を持つべきだと思います。

➢ 接客業

マニュアル通りの、ただ出しているだけの「声」なのか。本気で、気持ちがこもっているかどうか、お客さんは「声」でわかります。

現場ではそんなこと考えたこともないと思う人も多いかもしれませんが、接客業に携わる方々も、ご自分が客としてお店の人の声を聴いた時に、なんとなく感じるのではないでしょうか。

本気で言っているのか、ただマニュアル通りの、伝えなければ後でクレームが入るから、言っておかなければいけないことを喋っているだけなのか、その違いはなんとなくわかります。

「声」に気持ちがこもるかどうかで、お客さんのその店員に感じる印象は劇的に変わります。「あの店員さん感じいいな」「あそこの店員は誠意がある」というイメージから「あの店員さんから買おう」につながります。またクレーム処理の際、謝罪を述べるときに、気持ちがこもっているかどうか、これも「声」が重要な要素になります。

本当に申し訳ないという表情、深々としたお辞儀などの仕草はとても大事ですが、そこに気持ちの込もった「声」が重なることで、相手にこちらの謝意が十分に伝わります。

面白いのは、仕草・動作、そして表情に、それに関連した「声」が伴うことです。ぜひ、そっくり返って、「申し訳なさそうな声」を出せるかどうか試してみてください。椅子にだらしなく座って「ハキハキした声」を出してみてください。

なかなか難しいです。「声」は「態度」を、「態度」は「声」をよく表しているのですね。

＊ コラム「ボイストレーナーについて」

私が「声」関係で仕事をするときの名刺には「ボイスティーチャー　こえのせんせい」という肩書きを入れています。「ボイストレーナー」ではなく。

もちろん、私もワークショップその他でボイストレーニングはやっています。個人レッスンも引き受けています。トレーニングすることには喜びを感じています。

しかし、私が日々の仕事の中で実際にトレーニングできる人数なんて、何十年やろうとたかが知れています。日本中の「声で悩む人達」を救えるわけはありません。

私がこの本で訴えたかったのは、「声」が大切だということ、「声」を意識すればいろんなことが変わる、ということです。

「みなさん!声って大切ですよ」と呼びかける「啓蒙活動」であり、「ボイストレーニング普及活動」といった方がいいかもしれません。

だから、この本を読んで、身近なところにいる「ボイストレーナー」という職業に気づいてもらいたい、その助けを得てより良い人生を歩んで欲しいのです。

自身を「ボイスティーチャー」と名付けたのは、日本語音声学をベースにして、理論的に「声の不思議さ、大切さ」を伝える人でありたいと思ったからです。なぜこんなトレーニングをやる必要があるのかの解説をしたい、頭ではわかっていても、よくわからないことには踏み込めない人に、説明してあげたい。理屈が分かって初めて前に進める、そんな人の背中を押してあげたい、そう思ったからです。

まあ、普段は大学の講師、ビジネス研修などの講師として暮らしていますので、私の職業は「ティーチャー、せんせい」なんですけどね。

私は、もっとボイストレーナーという職業がメジャーなものになって、たくさんの悩める人たちが相談できるようになるといいと思っています。

日本には、優秀なボイストレーナーの方々がたくさんいらっしゃいます。

この本を読み終えたら、ぜひみなさんも、定期的に通えるような教室や、親身になってアドバイスしてくれる「ボイストレーナー」を見つけてください！

---

1 「アイスブレイク」とは、初対面の人同士が出会う時、その緊張を解きほぐすための手法。集まった人を和ませ、コミュニケーションを取りやすい雰囲気を作り、そこに集まった目的の達成に積極的に関わってもらえるよう働きかける技術。（ウィキペディアより）

第3章

「声」のメカニズムを知る

第1章で「声」とは何か、「声」の働き、「声」は何を伝えるか、などを簡単に説明しましたが、この章では「日本語音声学」の理論に基づいて、もう少し詳しく人間の「声」というもの、また「日本語の音」のことを解説していきたいと思います。

専門用語もけっこう出てきますが、どんどん飛ばしていただいて結構です。

まずは「声」のメカニズムに関する知識を得てください。どこがどう動いて「声」が出てくるのか、そういうことがわかると、きっとボイトレが楽しくなるはずです。そして声の出し方、日本語の話し方をよりよくするために「日本語の音」のことも少し勉強しましょう。

あまり専門用語を使わずに、簡略に解説したつもりですが、説明が長くなってしまっている部分もあるかもしれません。

先に第4章「トレーニング」を読んでいただいて実践し、あとからこの章で確かめるという読み方でもいいと思います。

ではいきましょう。

➤「音声」とは何か

「音声とは、人間が、意識的に、音声器官を使って、伝達目的をもって発する音」という定義を第1章で書きました。

広辞苑には、「声」とは「人や動物が発声器官から出す音、音声」とあります。では「声」と「音声」とは同じなのかというと、「声」と「音声」は、音声学上では若干定義が違い「音声」の方がもう少し広い範囲の意味を含みます（「声」の詳細は後述します）。

では、「音声」のことをもう少し詳しく見ていきましょう。

まず、私たちの周りには、さまざまな「音」が満ちあふれています。そういった身の回りの音を大きく分けると以下のようになります。

（1）気象現象その他の自然界の音。

（2）人間が作り出した機械・構造物、さらに家電や楽器などから出る人工音。交通騒音や都会の環境音。

（3）人間の身体から出る音。

「音声」というのは、③の生身の人間が作り出す音のことを指すのはまず明白ですね。また、生身の人間が作り出したとしても、足音や拍手、お腹が鳴る音、関節を回してボキボキ言わせるような音、はたまた、くしゃみやせきの音も「音声」とは呼びません。

「音声器官」（後ほど説明します）を使って、コミュニケーションのために発する「言語のための音」のことを「音声」と言います。

さらに「言語音」以外にも、「口笛」や、たとえば注意を喚起したいときに用いる「せきばらい」、退屈だよと匂わせたいときにわざとする「あくび」などのように、コミュニケーションのために意識的にそういった音を発する場合もあります。

これらも広い意味では「音声」です。「せき」や「あくび」を意識的にコミュニケーションの手段として使うときは「表情音」。「口笛」など音声器官を使って出すさまざまな音を「遊戯音」と呼ぶこともあります。

その外にも「フィラー」（英語の〝fill〟「満たす、いっぱいにする」もの〝filler〟）と呼ばれる「えーと」とか、「まぁ、その〜」などの、発話の合間にはさみこむ言語音としてはあまり明瞭ではない音もあります。

以上が「音声」の概略です。

でも、コミュニケーションのために人間が「音声器官」を使って出す音のことを「音声」というなら、本当は、この本の題名を『その「音声」では結果は出ない』と書いた方が理論上は正しいですね。しかし、一般的には「声」と「音声」が同じような意味で使われているので、題名は「声」にしました。

➤ そもそも「音」とは何か

次に「音」について考えてみましょう。

第1章で紹介しましたが、私のワークショップやセミナーでは、「声」とは？「音声」とはなんでしょう？「言葉って何？」といった問いを投げかけます。

そうですね、それらは「音」でした。

そして、そういった質問に続いて、次のような質問をして参加者の方々にそれぞれ考えてもらいます。

ではみなさん、「音」って何ですか？

これには、いちおう学生のときに習ったことを覚えている人が多くて、次のような答えが返ってきます。

「音というのは空気の振動です」。

はい、テストでは正解でしょう。

でも、ここからがポイントです。じゃ、なぜ「空気が振動」すると「音」になるのでしょう？空気はどうやって、そしてどのように振動するのでしょう？

ちょっと余談になりますが、学生時代、試験の成績が良くて頭がいいって言われてきた人に「言葉の言い換え」を「正解」だと思っている人が多いようです。

たとえば、「睡眠」って何ですか？「寝ることです」。

じゃ「寝る」って何ですか？「睡眠…、のことです」。

これでは答えになっていませんね。まるで使い勝手の悪い辞書みたいです。

実は、言葉の言い換えをして、理解したつもりになっている人が多いような気がします。ワークショップやセミナーでは、本質的なところをつかんで欲しくて「意地悪な」質問をすることが多々あります。

ちょっと話が逸れました。では、定義からいきましょう。

「音は、音波そのもの、または音波によって引き起こされる聴覚的な感覚[1]」と定義されています。「音波」がポイントなのですね。

そして「音波とは、弾性を持った媒質中を伝わる弾性波である」と続きます。

「弾性」？「媒質」？「弾性波」？

順にいきましょう。

「弾性」とは、力を加えると変形し、力を取り去ると元の形に戻ろうとする性質のことです。気体、液体、固体を問わずこの性質を持った物質を「弾性体」といいます。

「媒質」とは、力や波動などの物理的作用を他へと伝える仲介物のことで、音波を伝える弾性体、たとえば音を伝える空気などのことです。ちなみに、媒質がないところ、たとえば真空中では音は聞こえません。

「弾性波」とは、「弾性体」に加わった力や、それによる変形が伝搬する物理現象のこと。

「水」でイメージするとわかりやすいでしょう。

水は「弾性体」であり、「媒質」です。お風呂の中で手を横に動かすと、水が盛り上がり、それがまた元に戻ろうとする動きが生じます。そしてその動きが湯船の端にまで伝わっていくのが観察できます。水が「媒質」となり、「弾性波」が生じて、水の変形が湯船の端まで伝搬されていくわけです。海や大きな湖に波ができるのもこの物理現象です。

さて、もう少しイメージを広げましょう。

池の真ん中に石を投げ込んでみるとしましょう。そうするとそこを中心に、投げ込まれた石が水に与えた力が水を変形させ、その変形が同心円状に、「波」となって広がっていくのを見ることができます。

私たちの周りにある空気を、普段「弾性体」であると意識することはほとんどありませんが、たとえば、自転車のタイヤに空気を入れているところをイメージしてください。空気が満タンになると押し込んでいるレバーが押し戻される感触がありませんか？空気も力を加えると変形し、元の形に戻ろうとする「物質」なのです。

先ほどの、池に投げ込まれた石によって生じる波のイメージは二次元ですが、ある力が空気に加えられると、その部分から立体的に（三次元的に）波「音波」が広がっていくのです。

その音波が、ちょうど池の真ん中で生じた波が岸辺に打ち寄せるように、私たちの耳、鼓膜を震わせ、聴覚的な何かしらの感覚が生じる。これが「音」の正体であり、私たちが「音」を聞いているという現象です。

すべての気体は弾性体であり、その一部に振動を与えると、そのそばの部分の気体が変形を起こし、順次振動が伝達されていきます。そうやって振動が伝わることを「波動」、「波」と呼びます。

もちろん気体だけではなく、「弾性」という性質を持つものなら「液体」も「固体」も音を伝搬します。密度や弾性の違いにより、「気体」よりも「液体」の方が伝わり方、速度は速く、また遠くまで伝わります。

そして「固体」は、「気体」や「液体」より密度が高いのでもっと速く確実に伝わります。ちなみに、空気中で音は秒速約３４０ｍ、水中では約１，５００ｍ、鉄ではなんと約５，０００ｍの速さになるそうです。

絶対やっちゃダメですけど、鉄道のレールに触れると、伝わってくる音で非常に遠くからでも電車が近づいてくるのがわかるそうですね。

さて次に、「音を聞く」という現象をごく簡単に、物理的に書いてみます[2]。

空気中を伝わってきた音波は、まず「外耳」（外側に見える耳から鼓膜まで）がその音波を集め、鼓膜を振動させます。

次に「中耳」（鼓膜から「蝸牛（かぎゅう）」と呼ばれるカタツムリのような器官の手前まで）の中にある「耳小骨」と呼ばれる小さな三つの骨が、鼓膜の振動を内耳に伝えます。

さらに「内耳」（蝸牛と三半規管）の中のリンパ液が振動させられることによって、神経伝達物質が放出され、神経先端で電位が変化し神経発火となって脳の中枢に伝えられます。

そして、脳では音を選択的に知覚し、いろいろな音から「音声」を選び出し、意味やそこに込められたメッセージを理解し、コミュニケーションが成り立っていきます。たくさんの音が存在していても、ある音を選択的に聴くことが可能であるような聴覚上の効果は「カクテルパーティ効果」と呼ばれています。

音声学の授業では、上記のような人体の解剖学的な解説もするのですが、いつも人体の精妙なメカニズムには驚嘆させられます。音声を作り出すメカニズムは後述しますが、音を聞くというだけでも実に様々なメカニズムが働いているのですね。

この辺り、興味のある人はぜひ参考文献を読んでみてください。

音波のうち、人間に聴こえる音波を特に「可聴音」といいます。

通常、20 Hz（ヘルツ）以下の音波や、20 kHz（＝20，000 Hz）以上の音波はほとんど聴こえません[3]。Hz（ヘルツ）という単位は1秒間に1回の周波数・振動数のことです。

人間には聴こえない「超音波（周波数が20 kHz以上）」や「超低周波音（周波数が20 Hz以下）」を利用している動物もいます[4]。

超音波はイルカやコウモリの鳴き声として有名ですね。自分が発した超音波が物体に反射して帰って来る「こだま（エコー）」をキャッチして、自分の発した音とこだまを聴き比べ、障害物や獲物の位置を知るのです。このような能力を「エコロケーション」といいます。

反対に「超低周波音」を使っているのはクジラやゾウです。周波数が低いと「波長」が長くなり、障害物の影響を受けにくいので、長距離通信に適しています。クジラの声の届く範囲は1，000kmにも及ぶそうです。

以前読んだ本に「クジラは北半球と南半球で会話している」という一文がありましたが、決してオーバーではないのですね。

地球上のさまざまな動物の発する音のうち、人間に聴こえているのはほんの一部に過ぎないのです。

さて、では「音」ができる原因、どうやって「音」の「波」ができるのかを解説します。この辺り、後述する「声」を良くするためのテクニックにも関係してくるのでもう少しお付き合いください。

音波を発生させるのは、大きく分けて以下の4パターンです。

①物体の振動：

たとえばスピーカーは、コーン（振動板）を前後に動かして音波を発生させます。また、硬い物体同士がぶつかったとき、物体は激しく振動し、打撃音が発生します。

②媒質の急激な流れ：

たとえば、縄跳びの縄を高速に回したときの音。気流の乱れから起こります。風が細い穴や狭い隙間を通り抜けるときの音もそうです。空気の流れが、広い場所からいきなり狭い場所に入り込むときに生じる音です。

③ **媒質の急激な膨張や収縮：**
風船の破裂などの、空気の急激な膨張。開いた本を閉じるときなどの空気の圧縮のさいの音。雷の音（雲と雲の間の電位差が大きくなり、瞬間的に強い電流が流れ、それによって熱せられた空気が急激に膨張、収縮するときの音）など。

④ **媒質が断続的に流れる：**
これが「人間の音声」の仕組みです。気流が一時的に止められることによって収縮し、それが解放されることによって膨張します。つまり断続的に空気が流れることによって、ぎゅっと詰まった「密な部分」と、スカスカな「疎な部分」が交互に生まれ、音波ができるのです。

人間の音声を作り出す「音声器官」によって、そのように作られた音を「喉頭原音」と呼んでいます。人間の「声」の元になるものです。

以下で詳細に説明しますが、この「喉頭原音」を私たちはさまざまに加工し、「言語音」としてコミュニケーションに使っているのです。

「私たちは音声によってコミュニケーションしている」、「言葉とは音である」ということから、「音」に関しての解説をいろいろと書いてきましたが、いよいよ人間の「音声」についての解説に入っていきます。

まず、私たちがどうやって音声を発しているのか、身体で確かめていきましょう。

（1）声が出ている状態と出ていない状態で、自分の身体がどうなっているか確かめてみましょう。どこがどう違いますか？たとえば「アー」と言いながら胸に手を当ててみたり、喉を触ってみたり、唇の前に手のひらを持っていったり、など。

（2）そのとき声はどこから出てくるでしょう？音声はどこで作られているのでしょう？

（3）「ささやく」という言葉を、声に出して言う。次に、本当に「ささやく」と囁くときは何が違っているでしょう？

（4）そもそも「ア」と「イ」は何が違うのでしょう？「カ」と「ガ」は何が違うのでしょう？たとえば「タ」とか「マ」など、ひとつひとつの言語音の違いはどこからくるのでしょう？

それぞれ体感できましたか？

（1）胸も喉も震えていたと思います。振動が手に伝わってきましたか？そして唇からは息が漏れていたと思います。

（2）声は喉で作られ、口や鼻から出てきましたね。

（3）声に出しているときは何かしら振動を感じ、ささやいているときは息が漏れているような感じがしたと思います。

（4）「ア」と「イ」は口の開きが違うことがわかりましたか？「カ」と「ガ」の違いは少し難しかったと思います。これは後述します。「タ」と「マ」の違いも、音の違いとしかわからなかった人も多いでしょう。しかし、その音の違いはどこからくるのでしょう？

➤「音声」が作られるための3要素

音声が生成されるためには次の3つが必要です。

① 呼気：

呼吸という字の「吸」は「吸う」です。呼気というのは吐く息のことです。息を止めたまま声を出すことはできません。

「声」とは吐く息のことなのです。肺からの気流を利用して音声は作られます。日本語ではほぼすべての言語音を肺からの呼気を利用して作ります。

吸う息でも声は出ますが、一度試してみてください。あまり一般的ではありません。発声練習はまず「呼吸」からというのは理にかなっているのですね。

② 発声：

字のごとく「声を発する」ことですね。

「声」を出しているとき、身体や喉は振動していました。喉の奥の方に「声帯」があるのですが、そこが振動して「声」が出ます。これを「発声」と言います。

ちなみに、音声学ではこの声帯の振動のことを「声」と言います。

先ほど、ささやいてもらいましたが、声を出しているときとささやいているときの喉に手を当てて比べてみてください。ささやいているときは振動していません。実は「ささやき声」は「声」ではないのです。

しかし、言語音は発しています。音声学では「声」を伴う言語音を「有声音」、声を伴わない言語音のことを「無声音」と言って区別しています。

「声帯の振動」がなぜ音になるのかはもう少し後で詳しく解説します。

③　**調音：**

ひとつひとつの言語音を作り出すことです。

「タ」と発話するとき、舌はどこにありますか？「マ」と言うときは必ず唇を閉じないと言えません。

こういった口の開け方、舌の位置や、唇を閉じるかどうかなど、「声道」（声帯から上の「声」を伴う気流の通り道）の形を変えて音を加工することを「調音」と言います。

＊　次の図をご覧ください。（『よくわかる日本語の音声』「図2」より）

音声生成の3要素を図にしてまとめました。

まず、肺から気流を起こし、声帯を振動させ、音を伴った呼気が通り抜ける際に声道の形を変えて言語音にしているのです。

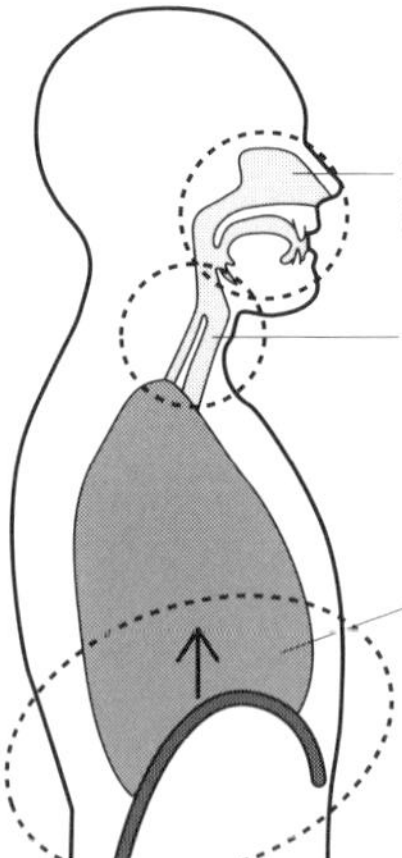

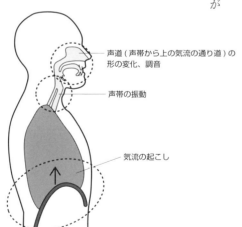

➤「音声器官」の仕組み

身体の中にある、音声を生成するための器官のことを「音声器官」と言います。もう少し詳しく見てみましょう。

＊ 以下の図をご覧ください。（『よくわかる日本語の音声』「図1」より）

① 横隔膜の収縮によって肺からの気流が起こる。「ふいご」のようなものだと思ってください。（この辺りは次章の「呼吸」でも説明します）

② 気管を通ってきた息は、喉頭にある声帯を震わせる。

③ 声帯の振動を伴った（または伴わない）気流が咽頭を通り口腔から、または口蓋帆（後述します）の上下による開け閉めによって鼻腔への通路ができれば、鼻からも気流が出る。さらにそのとき、声道の形を変えることによって音色の違う言語音が出てくる。

この辺りに興味のある人は、ぜひ参考文献の解剖学の本をご覧ください[5]。

まず、肺から気流を起こし、声帯を振動させ、音を伴った呼気が通り抜ける際に声道の形を変えて言語音にしているのです。

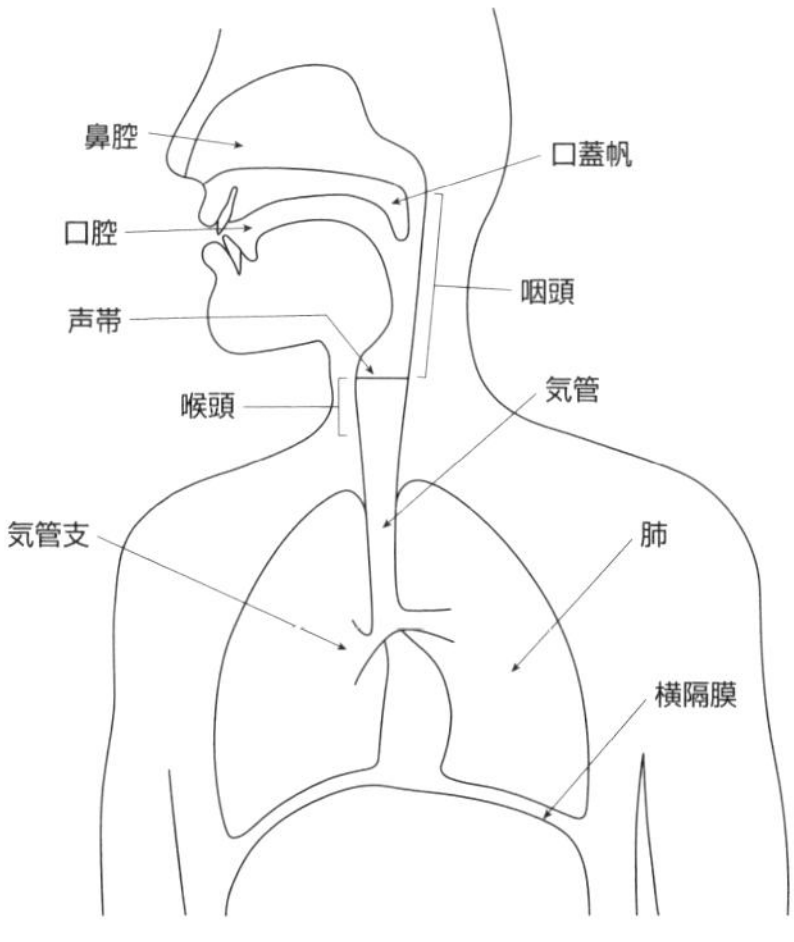

➤「喉頭原音」とその増幅

では次に、声帯が振動することによって音となる、そのメカニズムを解説します。

まずは喉頭の内部がどうなっているか見てみましょう。

声帯を上から見たもの、そして喉頭を正面から見た図です。（同、図4より）

図の中の甲状軟骨の部分が「喉仏」として私たちが知っているものです。

そして声帯は、ピンク色の粘膜で覆われた、左右一対の柔らかい、まるで「唇」のようなものだと思ってください。「声帯」の間の隙間のことを「声門」と言います。

2つある声帯の上の図は大きく開いていて呼吸をしているところです。下の図は声帯が閉じていますが、これは強く「声帯」を閉じて息を止めている状態と、ゆるやかに閉じているという2つ状態を示しています。

「声帯の振動」が起きるのは、このゆるやかに閉じている状態のとき、つまり「音声」を作る要素の2番目、「発声」です。

次に、非常に簡略化されていますが、以下の図は「声帯」を横から見た断面図だと思ってください。（同、図5より）

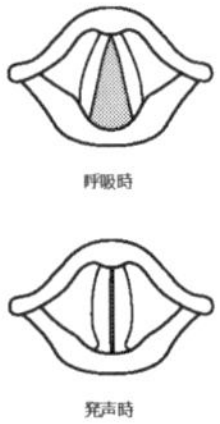

上から見た図

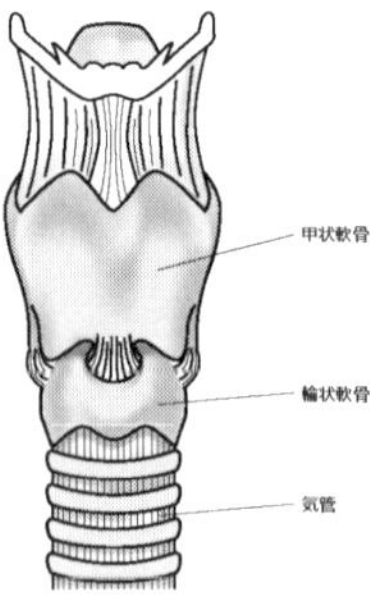

正面から見た図

発声のときの様子です。

まず「声帯」は閉じています（A）。ですから、肺からの気流はそこで一度止まり、だんだん圧力を高めていきます。その圧力に負けて思わず「声帯」は開いてしまいます。その時気流は一気に放出されます（B）。でも「声帯」はまた閉じていきます（C）。そしてまた（A）に戻り、出られない空気が圧力を高め、という繰り返しになります。
（A）の状態で気流に圧がかかり、「密」（ぎゅっと詰まった状態）になる。そして（B）でスムーズに流れて「疎」（スカスカな状態）になるということが連続します。力を加えられたものが元の形に戻ろうとしてその力が伝わっていくわけです。まさに空気の「波」です。
この章の最初で「音とは何か」を説明しました。空気に「密」と「疎」の部分「波」ができて、それが「音波」として空気中を伝わって私たちの耳に届き、鼓膜を震わせた時、私たちはそれを「音」だと感じます。

この声帯でつくられる音のことを「喉頭原音（こうとうげんおん）」といいます。「あ〜」と言いながら、のどぼとけのあたりに指を当ててみてください。震えているのがわかります。単に息を吐く（声門が空いている）だけでは震えません。

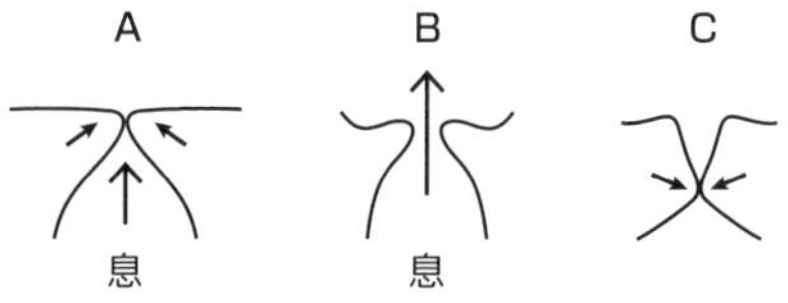

A　声帯は閉じている。
肺からの呼気で圧力が高まる。

B　圧力に負けて、開いてしまう。

C　また、閉じていく。

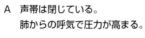

この「喉頭原音」を、咽頭や口腔・鼻腔[6]で、うまく増幅させることができれば「響く声」になります。歌うとき、人前で話すときにいかにこの増幅をうまくやるかは後述します。

「喉頭原音」だけ、つまり「喉の音」だけで話そうとすると、響かないので「聞き取りにくい声」になります。さらに、聞き取りにくいと言われ、「喉の音」だけで大きな声を出そうとすると、喉に負担をかけてすぐ「声が枯れる」ことになります。

ちなみに、男性の「声変わり」は、第二次性徴期にホルモンの分泌により、身体のさまざまな部分が男性化していきますが、その際に声帯も大きくなり、中性的な声から男性的な声となります。さらに声帯を取り囲む甲状軟骨その他も成長することで、いわゆる「喉仏」が目立つようになります。

次に「音声」を作る要素、3番目の「調音」です。

口の開き具合や舌の位置、唇を閉じるかどうかなど、声道の形を変えて「喉頭原音」を加工し、ひとつひとつの言語音を作ることを「調音」と言いましたが、以下でごく簡単に「日本語の音」を解説します。どのように「調音」したらそれぞれの「日本語の音」になるのか、きちんと話すためにはきちんと声を出し、日本語の音をひとつひとつ正しく「調音」することが大事です。

➤ 日本語の音について（母音）

さて、まずは母音からです。世界の言語音にはほぼ例外なく「母音」と「子音」がありますが、これを読んでいるみなさんで、この「母音」と「子音」の違いがわかる方はいらっしゃるでしょうか？

五十音の「アイウエオ」が「母音」で、それ以外の「カキクケコ」以降が「子音」であると思っている人が多いと思いますが、それはちょっと違います。

音声学では、かな一文字の音ではなく、その音を作っている「単音」をベースに考えます。「単音」というのはひとつひとつの音のことです。

「アイウエオ」は確かに母音で、音声記号[7]で書くと[a・i u e o]となり、単音です。

しかし、「カ」という音は、子音の[k]と、母音の[a]という、2つの単音の組み合わせでできています。「カ」は、記号で表すと[k a]になります。つまり、ほぼすべての日本語の音には母音が組み合わされています。

では、子音（の[k]）と、母音（の[a]）は、何をもって区別されるのでしょうか？

実際に発話しながら、身体で（主に声道部分ですが）確かめていきましょう。

まず、母音の確認です。

（1）「イ」と発話してみましょう。小さな声でも、声を出さなくてもいいです。何も発話しない状況から「イ」と発話すると、舌は、唇はどうなりましたか？

（2）では「イ」と発話した口の構えから、次に「エ」と発話してみてください。舌の位置は？口の中はどう変化したでしょうか？

（3）ではそこから「ア」と発話してみてください。口の中はどうなりましたか？さらに、もう一度「イ」の発話に戻ってもらって、「イ」と同じ口の構えで、「エ」や「ア」と言えるでしょうか？

（4）次に「ア」の構えから「オ」と発話してみてください。どこがどう変化したでしょう？そしてそれと同時に舌の位置はどうなりましたか？

（5）最後に「ウ」と発話してみてください。「オ」のときと口の中はどう変わりましたか？舌の位置はどうでしょう？

（6）では、逆に「ウ」から「オ」、「ア」、「エ」、「イ」と発話していってください。それぞれの違いは明確になったでしょうか？

実は、どの母音も「喉頭原音」をベースにした「同じ音」なのです。口の開け具合、口の中の形状が変化することにより、「音質」が変わり、別の音に聞こえるのです。

次に「母音」と「子音」の違いを確認しましょう。

たとえば、口を大きく開けたまま「パ」や「マ」が発話できるでしょうか？必ず一度唇を閉じるはずです。「タ」と発話するときは、必ず最初に舌が歯茎のところに接触しているはずです。

母音は口の中の形状が変化することにより音質を変えていますが、子音は口の中の形状の変化だけではなく、声道の他の部分が積極的に関与しています。

母音は通常、「声帯の振動（声）」を伴った呼気が「妨害」を受けず、口の中で「共鳴」を起こして出る音のことであり、舌の位置を変えたり、大きく口を開けたり、唇を前に突き出したりすることによって、「共鳴腔」の容積や形が変化して、そこでの響きの違いが母音の音質の差になるのです。

それに対して子音というのは、声道内の各部分が積極的に関与して、呼気の流れが「妨害」を受けて調音される音のことを言います。「マ」であれば唇を閉じたり、「タ」であればまず歯茎に舌先をぎゅっと押しつけるなど、どこかで邪魔をしています。

「母音」を発音するときに何より大切なのは、これらそれぞれの母音を発話するときの「口の中の形」をきちんと作ることです。

そして日本語はほぼすべての音に母音がセットになっているので、きちんと日本語の音を発話するには、ひとつひとつの母音をきちんと発音することが重要なポイントになります。

➤日本語の音について（子音）

さて、「母音」と「子音」の違いがわかったところで、次は日本語の子音がどのような仕組みになっているか解説します。

さきほど子音は「口腔内のどこかで、呼気の流れが妨害を受けて調音される音」と書きました。したがって、子音の音質を決めるのは、①「どこで」②「どのように」調音されるのかがポイントになります。

そしてもうひとつの要素が、音声を作る3要素のところでお話しした、「有声音」と「無声音」の違いです。つまり「声帯の振動の有無」が3つ目のポイントになってきます[8]。

ではカ行から順に、3つのポイントを簡単に解説していきますが、まずは以下の図をご覧ください。

この図は、子音の調音に関与する調音器官です。（同、図6より）

簡単に下から順に解説しますと、まず肺からの呼気が「声帯」を震わせます（発声）。またはそのまま「声帯」の間をすり抜けて呼気が口や鼻から出ていきます。

「口蓋垂」は、いわゆる「ノドチンコ」と呼ばれるもので、その上部の「口蓋帆」が喉の奥「咽頭壁」から離れることで、鼻腔への通路ができ、鼻腔も喉頭原音と「共鳴」を起こして「鼻音（ナ行やマ行）」になります。

そして「口腔」内の上顎のどの部分に舌のどの部分が関与するかによってさまざまな音を調音することになります。

ちなみに、「喉頭蓋」とはその名のごとく、声帯の方、つまり「気管」に蓋をするものです。

食べ物、飲み物が口腔内に入ると、ここに指令が伝わり「気管」をふさいで、食べ物や飲み物が気管ではなく、食道の方に流していく役割を果たします。

この喉頭蓋に指令がうまく行かず、気管への蓋が閉まるのが遅れると、いわゆる「むせる」ことになります。飲み物を勢い良く飲んで、むせて盛大に咳をしたことはありませんか?

年をとるとこのシステムがうまく働かずに、「誤嚥(ごえん)」となって、喉に餅を詰まらせたり、気管や肺に異物が混入し、気管支炎や肺炎の元になったりします。

次に、上顎の各部分も、歯の裏から舌でなぞって確認していきましょう。

歯の根元から凸凹な部分が「歯茎」、その上のつるんとした硬い部分が「硬口蓋」、その奥の柔らかい部分が「軟口蓋」です。この「軟口蓋」を上げることが響きの良い音を作る大事な要素になるので、この部分はぜひ覚えておいてください。

それでは、図を参照しながら、カ行以降の音を確認していきます。トレーニングの際には、ひとつひとつ確認しながら正確に発話していくことが肝心です。

可能ならば(声を出してもいい環境なら)、それぞれ発話しながら、確認しながら読んでみてください。

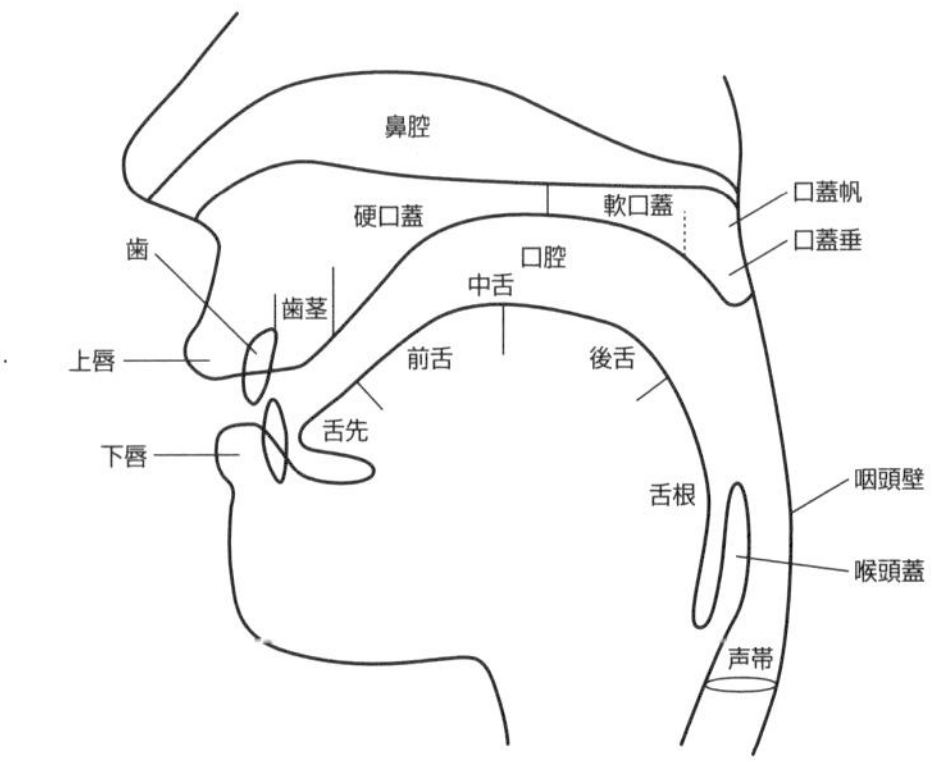

・カ行：軟口蓋の部分を後舌で閉鎖し、その後、勢いよく息を出して破裂するような音を出します。その音にそれぞれ母音が後続します（これはどの行も同じです）。

・ガ行：「カ行」の音が、子音の[k]と母音の[a]の組み合わせでできていることは前述しました。そして「カ行」の子音[k]と、ガ行の子音[g]の音の違いは、たとえば「cook」の最初の音、「good」の最初の音の違いです。

なるだけ英語話者のように読んでみて、それぞれ喉に手を当ててみてください。そうすると、[k]のときには震えず、[g]のときに震える（声帯振動がある）ことがわかります。カ行とガ行はそこが違います。

実は、「濁点」というのは、「子音に声帯振動（声）を付加せよ」という記号なのです。「ナ行」「マ行」の子音のように、もともと声帯振動がある子音には「濁点」はつきません。

・サ行：「歯茎」と「舌先」の間を狭め、隙間を作りそこから勢いよく息を出すと摩擦の音が聞こえます。声帯振動がない「スー」という音ですね。

・ザ行：そのサ行の音[s]に、声帯振動が加わった[z]の音です。

・タ行：「歯茎」に「舌先」を押し付け、閉鎖を作り、圧力を加えた呼気を勢いよく破裂させるような音[t]です。

・ダ行：ガ行、ザ行と同じく、タ行の「有声音」です。

・ナ行：「歯茎」に「舌先」をつけて閉鎖を作り、「鼻腔」に声帯振動を伴った呼気を送り、口腔・鼻腔の双方で共鳴させる（響かせる）音です。ちなみに、声帯振動を伴わない呼気を送ってもただの鼻息にしかなりません。

・ハ行：母音「アイウエオ」の口の形を作り、息を吐くとハ行の子音になります[9]。つまり「ハ」の音は、

・母音「ア」の口の形を作って、息を出し、その後「ア」の音を出してミックスするようなものです。
・パ行：上下両方の唇を閉じ、呼気をため、破裂させるような音です。
・バ行：パ行の音に声帯振動が伴ったものです[10]。
・マ行：両方の唇を閉じ、ナ行と同じように「鼻腔」に声帯振動を伴った呼気を送ります。
・ヤ行：まずは「イ」の口の形を作り、そこから「ア」を発音します。文字でかけば「イア」ですが、続けて読んでみてください。「ヤ」の音になります。同じく「イ」の口の構えから「ウ」や「オ」と続けて発話してみてください。これ以外にも、撥音「ん」、促音（小さい）「っ」、長音（引く音）「カード」などの「ー」の部分などの特殊な音があります。

また、ガ行やザ行などが状況によっては違う音が出るなど、調音についてはまだまだ説明したりないところはありますが、細かいところは、紙面の都合上割愛したいと思います（涙）。

興味を持った方は、ぜひ私の音声学のテキストなど音声学の入門書を読んでみてください。

また、実際の発話に関して、私のYouTubeチャンネルに動画をアップする予定ですので、それを見てぜひ確認してみてください。

➤ プロソディについて

さてここまでは、人間の言語音を構成している「単音」のレベルで解説してきました。しかし、人間の言語音は「単音」がただ並んでいるだけではありません。ただ並んでいるだけでは、機械が発する人口言語のようになってしまいます。その昔、アニメにあったような「ワ・タ・シ・ハ・ウ・チュ・ウ・ジ・ン・デ・ス」なんて感じです。これまで見てきたような「単音」がいくつか組み合わさって「単語」を、そして「文」、いわゆる「言語」を構成していきますが、そのときに現れるのが「韻律」です。

私たちの言語音は、ただ「単音」が並んでいるのではなく、その「単音の連続」が「音声」として特徴を持ちます。その特徴のことを「韻律的特徴(prosodic features プロソディックフューチャー)」と言います[11]。

その主なものが、以下に説明する「アクセント」「イントネーション」「プロミネンス」「ポーズ」などです。ひとまずひっくるめて「プロソディ prosody」と覚えておきましょう。

これらは、音の高さや大きさ、長さや音質といったものに関わっています。

その言語らしさ、意味、また発話者の意図といったことにも関係してくる大切な要素です。

では、主なものをひとつひとつ見ていきましょう。

① アクセント：

「雨」と「飴」という二つの単語を発話してみましょう。

どちらも「あめ」と読みますね。ふりがなも表記上は同じです。単音で見ても[ame]という同じ音が並んでいます。しかし、発話してみると何かが違います。単音が違って意味が違う単語になっているわけではなく、同じ単音が並んでいるにもかかわらず私たちは違う単語だと認識します。

同様に「橋」と「箸」を発話してみましょう。

やはり、同じ単音が並んでいるのに、違いますね。何がその違いをもたらしているのでしょう。何をもって違う単語であると認識しているのでしょう。ゆっくり1拍ずつ（一文字ずつ）発音するとわかりますね。

「雨」という場合は、最初の「あ」を高く、「め」を低く読んでいます。「飴」の場合は、「あ」を低く、そして「め」が高くなっています。この「高・低」の違いによって、違う単語だと認識されます。どこを「高く」読むか、どこを「低く」読むかの違いによって意味の違いがもたらされています。

これがアクセントです。日本語はこのように「高・低」の違いによって意味の違いをもたらされる「ピッチアクセント」です。

英語ではどうでしょう。

「present」という単語があります。この語が、「現在の」という意味の形容詞や、「プレゼント（贈り物）」という名詞として使われる場合は、最初の母音[e]に強勢（ストレス）を置きます（「プレゼント」網掛けの部分を強く読む）。具体的には、その部分を「強く」、「高く」、「長く」（またはそのどれかで）発音します。

もし2番目の[e]にストレスを置けば（「プレゼント」網掛けの部分）、動詞としての意味になります。「贈り物をする」「提案、提出をする」という意味の単語になります。（いわゆる、プレゼンをする、ですね）

英語では「ストレスアクセント」によって意味の違いがもたらされています。

センター試験の英語の試験勉強で、単語のどこにアクセントがあるかということをたくさん覚えた人も多いでしょう。「なんでこんなこと覚えなきゃいけないんだ」と思っていた人もいたと思いますが、大事なことだったのです。

ただし、アクセントには地域差、方言差が存在します。ちなみに、私は名古屋にある学校で教え、学生にはその周辺の出身が多いので、ちょっと意地悪な質問をします。

「みんな、「靴」をどうやって読む？」

たいていの学生は「く」を高く、「つ」を低く読みます。しかし、標準語（共通語）では、「靴」は「く」

が低く、「つ」が高いです。

「自分では標準語を喋っているつもりが、訛ってるよ」と指摘すると学生はびっくりします。

②　イントネーション：

アクセントは「語に固有の高低の配置」で、その「高低」の違いによって意味の違いがもたらされましたが、単語を超えたレベル、文単位でも「高低」の違いによって、さまざまな違いが生じます。

たとえば、単に「雨」という場合と、「雨！」と驚いたり、「雨？」と問いかけたり、うんざりした様子で「あめ～」と語尾を伸ばしたりする場合とでは発話の意図が違うことがわかります。

その言葉の本来の意味である「言語的情報」のみならず、「話し手が表したい意味」、つまり「パラ言語情報」を、発話文中の高低の違いによって伝えているのが「イントネーション」です。

詳細に観察すれば「高低」の違いだけではないのですが、いわゆる「抑揚をつける」のが主な変化と言えます。「文全体の抑揚」とも言えるかもしれません。

たとえば、「おはようございます」という発話に対して、最後の「す」の音を伸ばしながら、少し上昇調で「おはようございます～？」と返答すれば、『今、何時だと思ってるんだ』といった言外の意味が含まれているように感じます。

みなさんも、相手のイントネーションに気をつけて言外の意味をくみ取ってみてください。

③　プロミネンス：

「プロミネンス」とは、発話文の中の「ある部分」を際立たせることです。

たとえば、「昨日新幹線で東京へ行きました」という発話を、以下のような質問に答えると想定した場合、どのように発話されるでしょうか？

①「先生、いつ新幹線で東京へ行かれたんですか？」
②「先生、昨日どうやって東京へ行かれたんですか？」
③「先生、昨日新幹線でどちらまで行かれたんですか？」

おそらく、①の質問に答える場合なら「昨日」の部分を、②の答えであれば「新幹線で」を、③の質問に答えるなら「東京へ」の部分を強調して答えるはずです。

このように、話し手がより強調したいことに焦点を当て、イントネーションを変えたり、またはその前にポーズ（間）を置く、声の強弱を変える、話すスピードなどを変えるなど、いろいろな手法でその部分を「際立たせる」ことで、聞き手はそこにプロミネンスが置かれている、ここは話し手が強調したいことなのだ、と聞きます。スピーチのテクニックとしても有効なのでぜひ覚えておいてください。

④ ポーズ：

ポーズとは、いわゆる「間」のことです。たとえば、落語や漫才、コントなど「話芸」においてはこの「間」が重要になります。このポーズ、「間」があるかないか、どこに、どのようにこのポーズを入れるかによって発話文の印象がかなり変わります。これも話し方のテクニックとして後述したいと思います。

➤ 日本人の発声の特徴について

日本人の「声」は、たとえば欧米の人と比べて小さい、響きが少ないとよく言われます。理由はたくさんあります。

具体的には、

- 腹式呼吸ができていない。つまり、日常生活であまり腹の底から太い声を出すということがない。
- 口を大きく開けなくても発音ができる音が多い。そもそも日本人は日本語を話すときに口を大きく開けるということをあまりしない。
- 身体の構造、骨格、つまり音声を発する器官が小さい。特に「鼻腔」における「共鳴」が少ない（簡単に言うと鼻が低い、彫りが深くないってことです）。

前述しましたが、

- 学校教育で「日本語の発音」をやらない。日本の義務教育では日本語ができることが前提。ましてや「発音教育」「発声練習」などをしない。
- プロソディのところでも書きましたが、ピッチアクセントで話し、ストレスを置く、抑揚をつける話し方をしない。

精神的な面でも、

- 大きな口を開けることを恥ずかしがる（口元を覆って笑ったり、話す人もいるくらいです）。だからはっきり調音できず、喉が開かない。
- 多弁な人間を軽んじる傾向にある。特に「男は黙って」といった価値観を重んずる。
- 「自分の声」が嫌いな人が多い[12]。あまり積極的に話そうとしない。

他にもまだまだたくさん理由は見つけられます。そしてたくさんの方がこのことについて分析されています。

しかし、私は断固としてここで主張したいと思います。

そのような理由はトレーニングや意識次第でなんとでもなります！

腹式呼吸ができないならできるようにトレーニングすればいいだけの話です。喉を開けること、きちんとひとつひとつの音を発話すること、それらを日々実践できるように努めていけばいいと思います。

そもそも、（後述しますが）いつも響く声を出す必要もありません。

日本語を外国語のように発音しなくてはいけないわけでもありません。

精神的なところは、意識すればなんとか改善していけるはずです。

コンプレックスを持つことなく、というかコンプレックスなんか吹き飛ばして、「自分なりのいい声」を模索して欲しいと思います。

また、日本人は英語の発音が苦手という人が多いようです。

加えて、日本人は英語や欧米人、欧米の文化そのものにコンプレックスを持っている人が多いようです。

（私はずっと英語を教えているのですが、この辺りがとても歯がゆいです）

自分の英語の発音が、いわゆるイングリッシュ・ネイティブ（英語を母国語とする人たち）の発音とは違うことをもって、英語の発音が「下手」であるとか、「苦手」だと思っているようですが、そうではありません。

言語によって、音のまとまり具合、音の並び方や組み合わせ方が違うので、違う発音の仕方をしているだけです。音のまとまりをどう捉えているか、これはとても重要です。

たとえば「オレンジジュース」という単語は、いくつの音の連なりだと思いますか?

日本人なら「オ」「レ」「ン」「ジ」「ジュ」「ー」「ス」という具合に指折り数えるはずです。そして7つの音の連なりと考えます。これを専門用語で「拍」と言います。和歌の五七五七七や、俳句の五七五などでおなじみですね。

ところが、イングリッシュネイティブの捉え方は違います。

「Orange」と「juice」の2つの音だと捉えるのです。

日本語は「拍」というひらがな1文字（「ジュ」のような「拗音」は2文字で1つ）が1つの単位であり、英語は「音節」（切れ目のない音のまとまり）を1つの単位だと考えます。

英語の場合は、強く読む母音を中心としてその周りを取り囲む子音がワンセットで「音節」を構成する[13]ので「Orange」で1つ、「juice」で1つの、合計2つの音だというわけです。

ただ、日本語にも「拍」だけではなく、「音節」としての音の捉え方もあります。先ほどの「オレンジジュース」の例でいえば、実際に発話するときは、7つの音を全部単独で発話しているわけではありません。「オ」と「レ」の間には切れ目があるように感じますが、「レン」という連なりの間には、実は音の切れ目はありません。ジュースのところでも「ジュー」は実はひとかたまりの音です。ですから実際の「オレンジジュース」の音は、

「オ」「レン」「ジ」「ジュー」「ス」という5つ音で発話しています。

頭の中では、7つの音が連続していると考えながら、実際には5つの音で発話しているのです。

まあ、どちらにしても英語の音の捉え方や発音とはまったく違うので日本語なまりの英語の発音になりま

す。

英語の発音が下手なのではなく、まず音の捉え方が違うのです。その違った捉え方で聞き取った音を、今度は自分たちの母国語の音で発音してしまう。

単に、英語の音とは違う音を出してしまうということなのです。下手とか苦手とかという問題ではありません。

また日本語は、単語や音のまとまりが母音で終わる音が多いので、「開音節」言語と呼ばれています。イタリア語やスペイン語、ハワイ語なども、同じく母音で終わることが多いので、開音節言語です。

反対に、英語やドイツ語、そして中国語などは、子音で終わることの多い「閉音節」言語です。

たとえば、「cat 猫」と発音する場合、日本語だとどうしても最後の音を「ト」と読んでしまいます。そうすると母音の「オ」の響きが最後に残ってしまいます。英語は子音の[t]で終わりますから、英語の「cat」には「オ」の音は存在しないのです。それで、違う音になってしまうのですね。「cat」キャットの発音を日本語風にローマ字で書くなら「kyatto」という音になっています。

これは日本語なまりの英語です。でも大事なのは、これを恥ずかしがることはないということです。

世界では、いろんな国の言語のなまりで、それぞれの国民が堂々と「なまった英語」を話しています。

さらに言うなら、「日本語なまりの英語の発音」は、ノン・イングリッシュ・ネイティブスピーカー（英語を母国語としない人たち）には、「とても聞き取りやすい」と好評なのです。

ぜひ自信を持って「日本語なまりの英語」を話してください！

普段私は大学で英語を教えています。学生たちの英語コンプレックスにも相当なものがありますが、いつもこんな話をしています。

たとえば、「君たちの英語はなってないな〜」っていう態度のアメリカ人に、「あなたはフランス語が得意ですか？それともスペイン語は話せますか？」と聞いてみるといい、と。

実はアメリカ人も学生時代、フランス語やスペイン語を第一外国語として習っていて、そしてそれが苦手で語学がトラウマになっている人たちもたくさんいるのです。

みんな同じなんだよ、って学生たちを慰めています。

＊　コラム「楽器はどうやって音が出ているのか」

この章では「音」や「声」のメカニズムについて解説しましたが、みなさんの身近なところにある「音」を出すものとして「楽器」があります。

「楽器」はどのようにして音が出るのでしょうか？不思議ではないですか？

まず楽器は大きく分けて、打楽器、弦楽器、管楽器の3つになります。

打楽器は、楽器そのものが振動する「体鳴（たいめい）楽器」、胴体に張った膜が振動する「膜鳴（まくめい）楽器」の二つに分かれます。

「体鳴楽器」というのは、トライアングルやシンバル、そして（仏壇にある）御鈴や、それとよく似た（ヨガや瞑想などのときに使う）シンギングボウルなどです。

外部から力が加わる（叩かれる）と、振動します。そして妨害やそれ以上の力が加わらなければ、固有の振動数で振動し、音波となります。

「体鳴楽器」を叩いて音を出して、その音が鳴っている最中に手で押さえたり、握るなどすると振動が止まり、音は消えます。

「膜鳴楽器」というのは、まさに太鼓のことですね。太鼓を叩くと膜がへこみ、またそれが元に戻るという動きによって、膜のそばの空気が押されて圧縮したり、薄くなったりします。この空気の「密」と「疎」の連続が、空気の振動となり、音となるのはこの章の前半で説明しました。

打楽器は、なんとなく雰囲気で音の出る仕組みはわかっていた人も多いと思いますが、弦楽器はどうでしょう？

弦楽器も「打弦（だげん）楽器」「撥弦（はつげん）楽器」「擦弦（さつげん）楽器」の三種類に分かれます。

ピアノは、鍵盤を押すとピアノの奥の方にあるハンマーが弦を打ち、その打たれた弦の振動が響板に伝わって、ピアノ全体が振動して音になります。弦を打つ「打弦楽器」です。

また、ギターや三味線のように弦をはじくものを「撥弦楽器」といい、やはり弦の振動が胴体に共鳴して音になります。

ピアノやギターはなんとなくイメージできますが、バイオリンやチェロなどの、弦をこする「擦弦楽器」はなぜあんないい音なのか不思議に思ったことはありませんか？

私は子供の頃からとても不思議でした。ただこするだけでは「キーキー」と耳障りな音しかしないからです。その仕組みは、弓には馬の尻尾の毛が張ってあるのですが、摩擦によって最初に弓の『つる』に「弦」がくっついて引っ張られ、少し動いたあと離れて反対方向に戻ります。弓が一度引かれるときに、このくっつきと滑りが超高速で行われ、その繰り返しが弦を振動させ、その振動が胴体で共鳴するのです。

ちなみに、弓の値段は数千円から数百万円という差があって、やはり音は違うようです。（弓だけで数百

万！です）

管楽器は、音の出る仕組みによって「金管楽器」と「木管楽器」に分けられます。そしてこれは金属製だから「金管楽器」、木製だから「木管楽器」ではありません。

「金管楽器」というのは、トランペットやホルンなどの、マウスピースを使って、唇の振動によって音が出るものです。

「木管楽器」は、リードという薄片が二枚合わさったものの開閉によって、「人間の声帯」のように断続的に空気が流れて音になる「リード楽器」と、フルートや尺八のように直接穴に息を吹き込むことで音が出る「エアリード楽器」の2種類になります。

以上、ごく簡単に説明しましたが、これから音楽を聴くときに、どのような仕組みで音が出るのかを想像しながら聴いてみると、また違った感覚が生まれるかもしれませんね。

---

1 平原達也・他『音響学入門シリーズA―3音と人間』コロナ社、2013年

2 鈴木陽一ほか『音響学入門』コロナ社、第2章「音を聞く仕組み」より

3 ちなみに、年をとると、10 kHz以上の高い音も聴き取りにくくなります。昔、コンビニ前にたむろする若者を追い払うために、若者には聴こえて大人には聴こえない不快な高音を出すというのがありました。私も10 kHz以上は聞こえません。

4 この辺りの記述は、平原達也・他『音響学入門シリーズA―3音と人間』より。

5 私が教えている学校で使用している『カラー人体解剖学』西村書店や、音声器官に特化して解説している『ことばと聞こえの解剖学』学苑社などを参考にしてみてください。

6 鼻腔、口腔の「腔」は、音声学では「こう」と読みます。漢字の読み方としては「こう」でも「くう」でもどちらでもかまわないようで

すが。

7 音声記号とは、国際音声学会が定めた、世界の言語音を記号化したもので、ＩＰＡ（国際音声記号）と呼ばれ、日本語の音にもすべて所定の記号が配されています。こちらの記号に関しては、巻末に紹介してある音声学関連の入門書や、私の音声学のテキスト『よくわかる！日本語の音声』などに一覧表が載っていますので、興味のある方はご覧ください。

8 音声学では、「どこで」を調音点、「どのように」を調音法と呼んでいます。

9 詳細に見ると、「ハヘホ」の子音の場所と、ヒ、フの場所は違うのですが割愛します。興味を持たれた方は音声学の本を参照してください。

10 実は、日本語のハ行は後からできたもので、奈良時代以前はパ行とバ行しかなかったことが文献によって明らかになっています。その昔「母」は「パパ」だったのです。

11 鹿島央『基礎から学ぶ音声学』、第3章

12 山崎広子『8割の人は自分の声が嫌い』という本もあるくらいです。8割かどうかは別として、私も自身が開催する「声のワークショップ」などでよくそう聞きます。

13 実は、音節の区切り方には諸説ありまして、理論上の明快な結論は出ておりません。興味のある方は巻末の音声学の文献をご覧ください。上記はその中のひとつの考え方です。

第4章

トレーニング

まずこの章に入る前に確認しておかなくてはいけないのは、日本人は、系統立てたプログラムによる「日本語の発音練習」というものをした人は少ないということです。（ほとんどいないかも…）

日本に生まれ、日本人に囲まれて生活してきたら、日本語なんて話せるのは当たり前、という考えが強いようです。

ここに混同があります。日本語という言語を操ってコミュニケーションすることと、美しい日本語の発声ができることは別のことです。

日本に生まれ、日本人に囲まれ、日本語で生活していれば、日本語でコミュニケーションすることに不都合は感じません。しかし、ちゃんときれいに発声できるかどうかはまた別の話なのです。

さまざまなトレーニングを以下に紹介します。

ご自分の弱点だと思うところ、取り組みやすくて効果がありそうだと思うトレーニングを、無理なく続けられるやり方で、日々実践してみてください。

全部きちんとやってみようなんて考えなくてもいいです。

気持ちいいと思ったどれかを少しずつ、そしてそれが十分にできるようになったら別のものを、そんな感じで続けてやってみてください。

この章のトレーニングは（可能な限り）すべてYouTubeに動画をアップする予定です。読んで今ひとつピンとこなかった人は動画で確認してくださいね。

よかったら、パソコンやスマホの前で、私と一緒にやってみてください！

➤ 呼吸について

第3章で、「音声が作られるための3要素」の最初に「呼気」のことを書きました。「声とは吐く息のこと」でしたね。

発声練習の前に「呼吸」のことを考えてみましょう。
まず、呼吸のメカニズムについて解説します。
以下の図をご覧ください。

図でもわかるように、「呼吸」つまり吸う息・吐く息は、肺を取り巻く筋肉や横隔膜の動きにより「肺の容量が増減すること」によって起こります。

肺そのものが自分でポンプのように動いて吸い込んだり吐き出したりしているわけではありません。

よくボイストレーニングなどで、「腹式呼吸」のほうが良いと言われていますが、普段から「腹式呼吸」ができているでしょうか？そもそも「腹式呼吸」と「胸式呼吸」の違いがわかっているでしょうか？

まず確認します。自分がどちらの呼吸をしているか、確認してください。見分け方は簡単です。

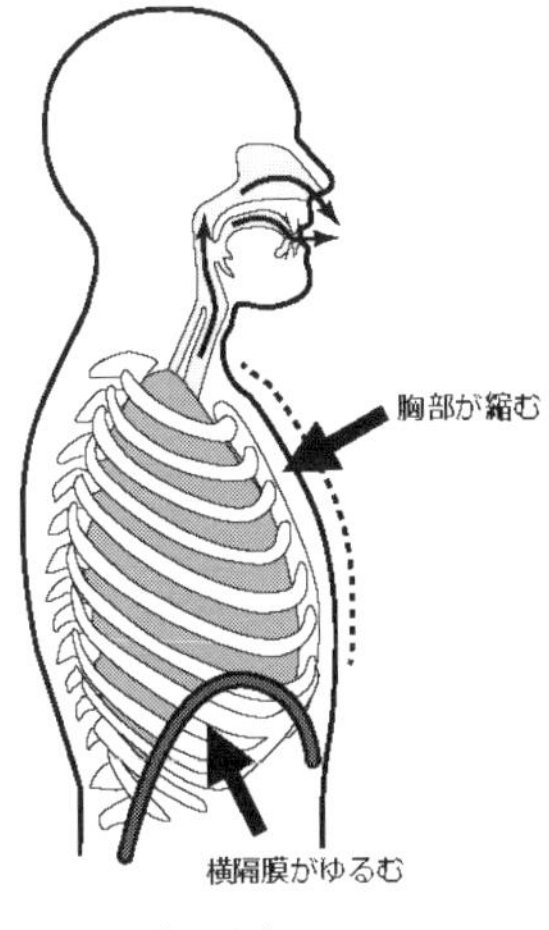

息を吐く

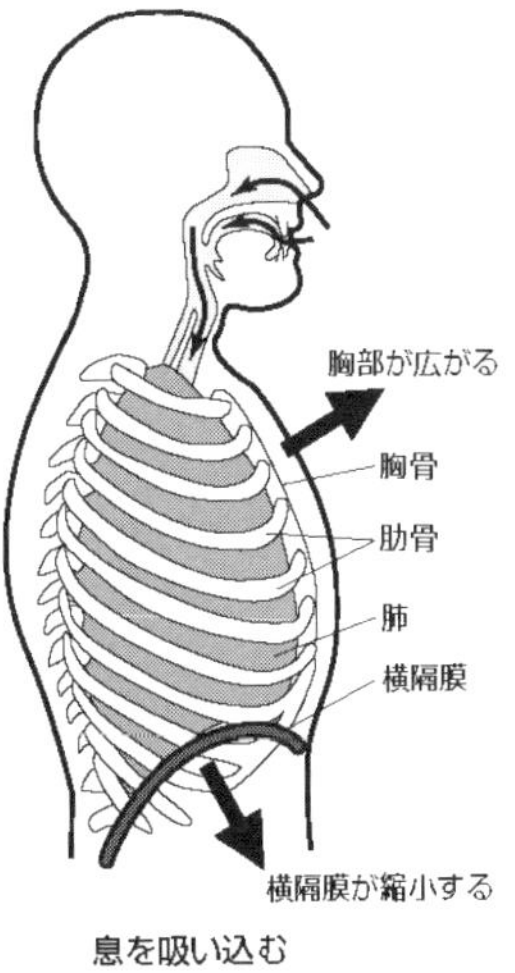

息を吸い込む

もし今そばに誰かいるなら見てもらいましょう。誰もいなければ少し大きめの鏡の前に行ってください。そして何も考えずに「深呼吸」をしてください。

多くの人は大きく息を吸うときに一緒に肩も上がってしまいます。これが「胸式呼吸」です。大きく息を吸っても肩が上がらず、お腹の方が少し膨らむのが「腹式呼吸」です。

決して「胸式呼吸」ではダメということではありません。しかし、大きく呼吸をしようとして胸郭を膨らませると、どうしても肩や首筋に力が入ってしまうのです。

たとえば、リラックスしようとして「深呼吸」をしているつもりなのに、どんどん上半身に力が入ってしまう、という逆の結果になります。

「腹式呼吸」というのは、胸郭を膨らませるというより、図でもわかるように、「横隔膜」を積極的に使って、肺の容量を大きくしたり小さくしたりするというやり方です。

横隔膜が下がることによって肺の容量を大きく、上げることによって肺の容量を小さくして、吸ったり吐いたりすることができるわけです。

さらに、横隔膜にはすぐ下に内臓がくっついています。吐くときに横隔膜が上がれば、それと一緒に内臓も引き込まれてお腹は凹みます。息をたくさん吸ったときには、横隔膜は下がり、内臓が前に押し出され、お腹がふくらみます。

この、お腹がふくらんだり凹んだりするのを指して「お腹で呼吸する」という言い方がされているのです。「胸式呼吸」よりも、リラックスして、静かな、落ち着いた深い呼吸ができることから、歌や演劇における発声、管楽器の演奏などのために必要とされ、さらにヨガやマインドフルネス（瞑想）などでも推奨されています。

私たちは普段、生活に必要な最小限の呼吸しかしていないので、いざ深呼吸となると力が入ってしまう人が多いのです。

また「胸式呼吸」は、「腹式呼吸」に比べ、深く吸ったり吐いたりができにくいという面があります。そして、呼吸が浅いとゆったりした声も出ません。

「腹式呼吸」を身につけて、安定した呼吸で、良い声が出せるようになるといいですね。

ただし、酸素の取りすぎは寿命を縮める、という研究結果も出ているようです。深い呼吸を心がけるといっても、「呼吸過多」にならないようにしたほうが良さそうですね。

摂取カロリーを制限することで寿命が伸びるように、酸素摂取量を抑えることで寿命が延びるというデータがあります。健康とフィットネスを妨げるいちばんの大きな要因は「慢性的な呼吸過多」であるという研究もあります[1]。「正しい呼吸法」を身につけて、「良い声」と「健康」を手に入れたいものです。

➤「良い呼吸」のためのトレーニング

では、安定した呼吸のためのトレーニングに入りましょう。

まず、ボイストレーニングの際は、なるだけ鼻から吸って口から吐くようにします。鼻から吸って、吐く息を「声」として口から出す要領です。

しかし、ここで覚えておいてほしいのは、より良い呼吸とは、鼻から吸って鼻から出す「鼻呼吸」のことだということです。

「鼻呼吸」の生理的な利点は、まず息を吸った際に、その吸気中に入り込んだ空気中のチリやホコリなどのゴミを、鼻腔内の粘膜が除去してくれることです。さらに、吸った空気が鼻腔内で温められ、外気温そのままの空気が入らないようにしてくれます。そして、吸った空気に適度に湿り気を与え、喉や気管支を守ってくれるなどのさまざまな利点があるのです。

「口呼吸」をしていると、そのような利点がない上に、口腔内が乾燥し、口臭やさまざまな病気の原因にもなっていきます。口呼吸は子供の成育にも良くないという研究結果[2]もあります。

「口呼吸」で、体温よりかなり低い温度の空気や、乾燥しきった空気、またはチリ・ホコリがそのまま喉に入ってくると、気管支や肺が炎症を起こしてしまいます。

「鼻は呼吸のためにあり、口は食事のためにあるのです[3]」

ちなみに、一般的な「ヨガ」や「マインドフルネス」で推奨される呼吸も「鼻呼吸」です。

「健康」と「穏やかな心」を手に入れるためには、「静かで、穏やかで、鼻呼吸で、腹式呼吸で、リズムが一定していている呼吸」を身につけることが大事です。

さて、「腹式呼吸」の練習です。

初めての人でもわかりやすい方法を紹介します。

① 仰向けに寝て、片手をお腹の上においてください。

身体全体の筋肉の緊張を解いてリラックスします。息を吐きながら力を抜いていくイメージです。吐く息ごとに「まず肩の力を抜く」、次の吐く息で「首の緊張を解く」、また次の吐く息で「背中が床にじわじわ広がっていく」。そういった具合に、ひとつひとつイメージしながらやるとリラックスが深まるはずです。

そして自分の身体が風船だとイメージしながら、息を吸ったときにお腹が盛り上がってくるように、身体がどんどん膨張していくように呼吸します。

吐くときは、その風船がどんどんしぼんでいくイメージです。お腹がどんどん凹んでいく、そして身体全体がどんどん萎んでいくというイメージです。

うまく身体がふくらんだり縮んだりを感じることができない人、お腹もあまり動かないという人は、まず「息を吐く」ことに集中してください。

呼吸する際に、「吐く」ことから始めることを意識しましょう。まずすべて吐ききることが大事です。「吸う」ことに意識が集中すると、なかなかリラックスできません。

そして「吸う」ことだけに気をとられると、呼吸が浅くなっていきます。

息を吐き切ることができれば、何もしなくても身体は息を吸ってくれます。吸ってばかりいると反対にとても苦しくなります。「過呼吸」です。

「息を吐く」ことだけに意識を集中し、身体全体で呼吸を感じることができるようになればオッケーです。

ちなみに、この仰向けに寝て、「静かに」腹式呼吸を繰り返すワークは、さまざまなことによく効きます。眠れないとき、食べ過ぎで胃がもたれているとき、焦ったりパニックになってしまったとき、感情が高ぶってしまったとき、その他いろいろな場合にも効果があります。

そんなときにはぜひ試してみてください！

② 次に、座ってやってみましょう。

床でも、椅子でもいいですから背筋を伸ばして座ります。

そして操り人形のように上から頭が糸で引っ張られているようなイメージで身体をまっすぐ伸ばしていきましょう。もしくは、頭に荷物を載せて歩く、たとえばアフリカの女性の写真を見たことがあると思いますが、その状況をイメージしても背筋は伸びます。

頭の上に乗っている荷物をちゃんと支える、それを意識すれば、自然に顎を引き背筋が伸びて、背中が丸くなることもありません。

そして最初はお腹に手を当て、お腹を凹ませて身体をどんどん絞って行くように吐き切りましょう。息を吸うのは鼻から、そして口から「スー」という音を出して、ゆっくり全部吐き切る練習をしましょう。

十分に吐き切ることに慣れてきたら音は不要です。鼻から静かに吐いていきましょう。

しかし、寝ているときはできていた呼吸が、座って背筋を伸ばす、などとひとつ動作が加わると、身体のさまざまな筋肉が緊張し始めて、なかなか風船になったようなイメージができない人が多いようです。

そんなときは、もう一度寝転がってリラックスする感触を確かめてからやってみましょう。座って呼吸するときも、吐く息ごとに身体のいろんな部分からそれぞれ力を抜いていきましょう。もちろんその際に背筋が曲がったりしないように。次の項目でも書きますが、「リラックスする」というのは実はとても難しいのです。リラックスは「だらける」こととは違います。背筋は伸び、座る格好も崩さずに、しかしどこにも力が入っていないのが理想です。

ちなみに、この「座って行う静かな腹式呼吸」が、ある程度の時間（まずは15分以上）できるようになったら、もうそれだけで立派な「瞑想」です。軽く目をつぶって、たとえ数分でもいいので「瞑想タイム」を生活の中に取り入れることができれば心身の健康、特に心の安定につながります。

朝は時間がなくてなかなか「瞑想タイム」が持てなくても、（本当は、朝の瞑想はとても良いものなのですが）仕事を終えて帰宅したときに、邪魔が入らないような場所で、この呼吸をしながら静かに目を閉じて座るだけで、仕事や日中のストレスから解放され、交感神経から副交感神経への切り替えができ、リラックスできます。

③　では、立ってみましょう。

まずは「立ち方」です。

足は肩幅、座ってやるときのように背筋を伸ばすのですが、どうしてもここで「胸を張って」しまう人がよく見受けられます。「胸を張って」しまうといろんなところに力が入ります。

胸を張るのではなく、先ほども書いたように、マリオネットになったように、頭に荷物が乗っているように上に伸びる感覚です。

さらに、「臍下丹田」に軽く力を込めて下半身を安定させ、上半身の力を抜きます。「臍下丹田」というのは、かなり感覚的なもので、よく「へそ下三寸」と言いますが、親指と人差し指で約９㎝の幅を作り、そのまま親指をおへそに当てて、人差し指がつく下腹部あたり、その内部あたりにあります。

ここに「氣」を集中させ自然体で立ちます。

なんて感じで書いてもわかりにくいですよね。

この辺りは「きちんと立つ」というだけで数ページ書きたいところですが、もう「呼吸」だけでかなりのページ数を使っているので（涙を飲んで）割愛します。

私はずっとヨガをやり、若い頃は空手もやり（いちおう黒帯です、この「いちおう」というのは日本人の口癖ですが、それを解説しているとまた長くなるのでやはり割愛…）、最近は居合の型も練習しているので、この「立つ」ことには、いろいろ考えることもあり、とても大切なことだと思っています。

私の「声のワークショップ」では、ちゃんと「立つ」こともワークのひとつとして重要視しています。

この辺りはぜひ、たとえば、斎藤孝さんの『身体感覚を取り戻す』ＮＨＫブックス、などの関連書籍をお読みいただければと思います。

斎藤さんはこの本に「腰・ハラ文化の再生」という副題をつけ、現代の生活の中で失われつつある「身体感覚」をいかに取り戻すかという問題提起をされています。

さて、まずは背筋を伸ばして立ちましょう。（前置きが長かったですね、すいません）そして、息を吐くところから始めてください。

緊張せず、上半身はリラックスして、静かな「腹式呼吸」ができているでしょうか？

肩に力は入っていませんか？

吸うときに肩が上がっていませんか？

このとき、できれば誰かに見てもらうといいと思います。どこにも不自然な動きがなく、力も入らず、自然体でゆったりとした「腹式呼吸」ができていればオッケーです。

④　次は、リズミカルに行います。

「スーッ」「スーッ」「スーッ」と短くリズムをとって、思い切り（↑これが大切！）息を吐いていきましょう。お腹がこの呼吸と連動してリズミカルに凹んだりふくらんだりするまで練習です。

「大きな声」「力強い声」「遠くまで届く声」を出すためには、少し強めの「吐く息」の練習をしないといけません。

ちょっとイメージしてみてください。たとえば、病み上がり、どこかケガをしていて力が入らない、だらしなく椅子に寝そべっている、そんなときに「大きな声」「力強い声」は出るでしょうか？

そんな「声」を出すためには、少し強めの「吐く息」と、それを「支える」身体が必要になります。日頃から鍛えていないと「大きな声」「力強い声」はすぐに出てきません。

短い時間で「スーッ」と吐き切ると、何もしなくても、力を抜いた瞬間息が自然に入ってきます。その感覚も確かめましょう。

慣れてきたら、身体のどの部分にも力が入らないで、お腹もむやみに動かさないで、できるようになっていきます。

身体も心もリラックスして、「吐ききって自然に吸う呼吸」ができるようになれば、「良い声を出すための呼吸」はひとまずクリアです。

吐く息のところが声を出しているところで、話の区切りで、ほとんど身体のアクション、緊張なしで自然に吸える、そんなふうになればしめたものです。

ずっとリラックスして、しかし肝心な場所では、余分な動きや力を要することなく、力強く響く「声」が出る、そんなことができるようになります。

しかし、これとは違う呼吸法で話している人たちがいます。

「え〜、我が社のぉ〜、今期の売り上げはですな、スーッ（息を吸う音）、ま、堅調に推移しておりましてですな、スーッ（同じく）、来期に向けてのぉ〜、スーッ（同）、え〜〜、まあなんと言いますか…」

音としては「ス」と「シ」の中間くらいの、歯茎のあたりで摩擦をしている音なんですが、こんな感じで、吸う息の音を間に挟みながら話している、（スピーチなどでもそんな感じで）年配の男性は周りにいませんか？

少々聞き苦しいと思います。

外国人の友達や、クライアント関係で外国人の知り合いがいますが、彼らも一様に「なんだあの音は?!」と思うそうです。

欧米ではそんな呼吸音を出しながら喋る人は少ないようで、冗談交じりに指摘されたことがあります。

これはちょっとイメージ的に損をしているのではないかと思います。ご本人たちには自覚がないところがまた残念なのですが。

「呼吸」「声の出し方」をトレーニングしてあげたい、そしたらもっと堂々として立派なスピーチができるのに、と老婆心ながら思ってしまいます。

さて、上記のような、意識して「腹式呼吸」を繰り返すワークは、実はウエスト引き締めにもとても効果的です。腹筋運動や、いろんな器具(スポーツジム?)、ダイエットにすがるより、いつでもどこでもできる、この「腹式呼吸」ワークをお勧めしたいと思います。

順天堂大学医学部の小林弘幸教授は、著書の中で、入浴中に呼吸を意識する大きなメリットを説明するくだりで、深い呼吸によって肺の周囲のどれだけの筋肉が鍛えられるか、それによってどんな利点があるかを書かれています[4]。

少し長くなりますが、その部分を以下に引用してみます。

このとき、実は非常に多くの筋肉が動員されています。

横隔膜をはじめ、僧帽筋(背中の中央から鎖骨の外側あたりまで広がっている筋肉)、胸鎖乳突筋(首の側面を斜めに通る帯状の筋肉)、腹直筋(腹部の前面にある筋肉)、外腹斜筋(腹部の側面の表層にある筋肉)、内腹斜筋(外腹斜筋よりも深い層にある筋肉)、腹横筋(内腹斜筋に覆われてる筋肉)、外肋間筋(肋骨と肋骨の間にある筋肉。肋骨を持ち上げて胸郭を広げ、肺に息を吸い込む働きを助ける）、内肋間筋（外肋間筋の裏側にある筋肉。肋骨を引き下げることで胸郭を狭め、息を吐き出す働きを補助する）など。

特に横隔膜は、呼吸筋の中でも非常に大きな役割を果たしています。横隔膜は、膜という名前がついていますが、ドーム状の筋肉で、胴体のほぼ中央・胸郭の下に位置しています。息を吐くとき、横隔膜は上がり、胸郭を圧迫して肺の空気を押し出します。反対に、息を吸うと、横隔膜は下がり、それに伴って胸郭の容積が大きくなって、肺に空気をたっぷり取り込むことができます。

このように、上半身の広い範囲で筋肉が動員されており、これらが連携することで、上下左右・前後にわたる胸郭の３Ｄの動きを作り上げています。

ですから、深い呼吸をすることは、単に酸素と二酸化炭素を出し入れするだけではなく、体の内側をダイナミックにストレッチすることにもなるのです。

湯船につかって呼吸をするということは、水圧を押しのけながら、呼吸筋を動かすことになります。だから、呼吸筋を効率よく鍛えることができます。

呼吸筋が鍛えられれば、日常生活を送る上でも呼吸がしやすくなるので、階段を上っただけで息切れしたり、小走りしたときにゼーゼーしたりすることがなくなります。酸素の巡りがよくなるので、結果的に自律神経のバランスをさらに高めることにもなるでしょう。

長い引用になってしまいましたが、呼吸ひとつをとっても筋肉がどれほど動いているのか少しお判りいただけましたか？

身体の内側のストレッチにもなるのですね。

もう一つ、余談になりますが、鳥の鳴き声に耳を傾けたことがありますか？

鳥はずっと鳴き続けることができます。いったい呼吸はどうやっているのだろう？と不思議に思ったことがあります。

鳥の胸の中には、私たちにはない「鳴管」というのが、呼吸器官とは別にあるそうです[5]。呼吸とは別に、あるいは同時的に、空気を出し入れしながら震わせて音を出す専門器官が備わっているのだそうです。

鳥は「歌う」ことが「生きる」ことにつながっているので（メスを獲得する、縄張りを主張するなど）、社会生活に「歌」が欠かせない。だから呼吸器官とは別に歌う専門の器官が存在しているのです。

➤ リラックス、カラダをユルめる

前章で、音波が発生するしくみを説明する際に「楽器」を例に解説しましたが、人間の身体は素晴らしい「音（声）」を作り出す「楽器」だとも言えます。

もし自宅に仏壇があれば、ぜひ「お鈴」を鳴らしてみてください。（「お鈴」がなければ、鳴らしたところをイメージしてくださいね）

「お鈴」をりん棒で叩くと「チーン」と澄んだ音がします。しかし、お鈴をガッシリ握ったまま鳴らすとどうなるでしょう？

キレイな音が出ることはないと思います。どちらかというと「カッ、カッ」といった硬いものを叩いたようなこもった音になります。

人間の身体も同じです。

まず、リラックスしていないとよい「振動」になりません。緊張していたり、大きな声を出そうと力が入り過ぎると、先ほどのがっしり握った状態でお鈴を鳴らしている状態と同じことになります。

音がうまく鳴らないので、もっと強く叩こうとする、しかし思ったような音が出ないのでもっと強く叩く。思ったように音が出ない。

それと同じことが発声のときに生じるのです。

心地よい響く声ではなく、こもった音、聞き苦しい「喉声」になってしまい、「声帯」を酷使して痛めてしまう結果になります。

「心地よく振動させる」ために身体をリラックスすることが大切です。

具体的には、「声帯」周りの筋肉、首・肩などが適度にリラックスしていないといけません。

そして、（第3章　声のメカニズムで書いたように）「声帯の振動」から発生する音（喉頭原音）を、口腔・鼻腔、さらには頭蓋骨や上半身までも使って共鳴させ、増幅させないと、伸びやかな響く声にはなりません。

オペラ歌手が、マイクなしでも広いホールに響く声が出せるのは、また舞台で俳優が客席中に響き渡る声が出せるのは、この「増幅」をうまく行っているからです。

そのためには「声帯」周りのみならず、ほぼ上半身すべてがリラックスしている必要があるのです。

日本人はどうしてもトレーニングというと「頑張る」イメージがあります。

「良い声」を出すためにはリラックスすることが何より重要なのですが、リラックスするために頑張るのは逆の結果になります。リラックスすることが苦手な人が多いようです。

力を入れるのは簡単でも、力を抜くのはけっこう難しいものです。

（私が敬愛してやまない）鴻上尚史さんが最近出された『リラックスのレッスン[6]』という本があります。その本の帯にはこう書かれています。

〈緊張した時に一番やってはいけないことは、「リラックスしよう」と思うことです〉

面白いですね。

〈「あがらないようにしよう」とか「緊張しないようにしよう」と思うこともマイナスにしかなりません。そう思うと、ますます緊張するし、あがってしまいます〉と「はじめに」に書かれています。

「頑張らず」に、リラックスする方法を自分なりに見つけていきましょう。

以下に、いつでもどこでもできる、リラックスするためのいくつかの方法を書きました。ぜひ参考にしてください。そして、これはいいなと思うものから、それらを今日から（今からすぐ！）、始めていただけるといいと思います。

まずは身体的なものから、

① 首をゆっくり回します。（正確には頭を回すのですが、どうしても首を回すって言っちゃいますよね）

そのときに、首の筋肉を使って頭を動かそうとせず、呼吸と連動させ、吐く息とともに重力にまかせて力を抜くと、頭が下がっていきます。そして吸う息と連動させ、ゆっくり横から上へと頭を持ち上げていきます。

肩の上で、頭を転がすような感じで反対側へ倒していきます。それを何回か繰り返しましょう。逆周りでも回してくださいね。

私のワークショップでは、特に首回りが硬そうな方には、顎と頭部のつむじのあたりを両手で支えて、とにかく力を抜いてもらい、ゆっくり回すワークから入ります。首を回すときに力が入ってしまう人はとても

多いです。（先ほども書いたように、リラックスしようとする動きが逆に緊張を生んでしまうのです）

ちなみに、頭の重さをご存知でしょうか？

一般的に、体重の8％から10％と言われていますので、一般的な成人女性だと4〜5kg、成人男性だと6〜7kgはあるのです。ボウリングをしたことがない人はあまりいないと思いますが、あのボウリングのボールより若干重いくらいなのです。

あんなものが肩の上に乗っかっているのですね〜。イメージするとちょっと怖いですね。少々猫背の方や、スマホを見て前かがみになっている姿勢を続けていると、頭を支える首や肩の筋肉が緊張して、肩がこってしまうのは当たり前だと思います。ボウリングのボールを持つ手をちょっと前に出して、ずっと片手で支えているのを想像してください。そういう状態を続けているわけです。考えただけでも疲れますよね。

さて、首を回すときに、もうひとつ気をつけていただきたいことがあります。そのとき、あなたの顔は、アゴはどうなっていますか？

口を閉じたまま、歯を食いしばったままで首を回しても緊張はとれません。眉間にしわを寄せて、しかめっ面しながら首を回しても効果は薄いです（いや、そういう人が多いのです）。

ぜひ「だらしなく」口を開けて、正確には下アゴをだらんと緩めながらやってみてください。奥歯を噛み締めて回すときと、顎を緩めたときと、その違いを感じてみてください。

② 首回しに手の動きを加えます。
このときに、一緒に肩や背中周りもほぐしていきましょう。

首回しで少し首・肩がリラックスできたら、次に、その頭・首の動きに、手も連動させてみてください。

デスクワークで根をつめると伸びをしたくなりますよね？あんな感じです。

首を回す動きに手を連動させ、あくびをするときのように、腕を上下・左右にいっぱいに伸ばしたり縮めたり、身体をねじったりしてみてください。実際にあくびが出ればもっといいです！

実は、あくびは深呼吸もできるし、筋肉の緊張も取れるという「一石二鳥のワーク」なんです。涙がにじむまで思う存分あくびして、首・肩・腕を、身体が望む方向、気持ちいい方向へ動かしてみてください。

そしてそれと同時に、肩甲骨を意識できるともっといいです。

少し背中を丸め、両手を揃えて前に出して手のひらで壁を押すようにつっぱると、肩甲骨が開きます。反対に、肘を横に張り胸を開くと左右の肩甲骨が寄っていきます。肩を耳の方に上げながら、ぎゅっとすぼめて、そして息を吐きながらゆっくり下ろしていっても肩甲骨が動きます。

慣れてきたら、上の動きに加え「身体をくねらせる動き」をつけるともっといい感じになっていきます。

③　そこに「声」を加えます。
上の動きに「声」が乗ると、もっとどんどん身体がゆるんでいきます。

「あぁ〜〜っ」とか「う〜〜っ」とか「ふんっ〜〜」って感じで、何も考えずにそのとき自然に出る「声」を出してみてください。さらに、「おぉぉぉ〜ぁぁぁ〜〜」って、お腹の底からうめき声を出せたら最高です！あ、女性の方もやるんですよ！ちゃんと。

このワークは、とても良い「ボイストレーニング」で、「リラックス法」でもあります。私はこれを「声出しタコ踊り」と名付けて、いつもワークショップで参加者にやってもらっています。

最初は、こわごわ、いいのかしら？なんて感じでやっているので、「恥はかき捨てです」「誰もあなたのことなんか見ていません」などと、参加者に声をかけていきます。

そのうちに、周囲をチラ見して、ためらいがちにやっていた参加者の皆さんが、だんだんタガが外れるというのか、自分の世界に入っていくのがわかります。そうすると身体が緩むのです。

同時に、心も緩みます。

「精神的な緊張」を取るためのワークでもあります。そしてそのときに思い描くイメージも大切です。どんなイメージを持つかで身体の動きは変わっていきます。これホントです。

ここでは、自分がタコになったようなイメージ、上半身すべてがグニャグニャになるような、そんなイメージを持ってこのワークをやってもらうとより効果が上がります。「私は今タコになっている」って考えるだけでも楽しくないですか？

④　次に、顔の筋肉その他もゆるめます。
口を大きく開ける。

口も鼻も目も中央に集めクシャッとした顔にする。

鼻の下を精一杯伸ばす。

鼻をブタのようにフガフガして上下に動かす。

眉毛を大きく動かす。

思い切り舌を出してみる。

目の玉をぐるぐる動かす。

などなど、普段あまり意識していないところを動かしてみてください。

いかに普段、自分の顔がこわばっていたかに気づくはずです。（タコ踊りと一緒にできるともっといいです、もちろんこれも恥は捨てましょう！）

最近有名になってきた「あいうべ体操」というのも面白いです。福岡市「みらいクリニック」の今井院長という方が考案されたもので、保育園や小学校、高齢者の施設などでその効果が認められ、全国的に広がっています。

やり方はとても簡単です。

1．大きく口を開けて「あー」
2．しっかりと唇を横に引いて「いー」
3．タコのように唇を突き出して「うー」
4．下あごめがけて力いっぱい舌を出して「べー」

無理のない範囲でそれぞれの動きを3～5秒かけてゆっくりとキープし、全部で5～10回繰り返すというものです。

朝、洗面の際にやるもよし、職場のトイレでもできますね。

⑤　手指のほぐしも効果的です。

まず、手首をブラブラさせたり、拳を握ったり開いたりなどの「グー・パー」の動きは緊張を取るのに効果的です。とても簡単にできるリラックス法です。朝、起きるのが辛いなと思ったときも、この「グー・パー」の動きは役に立ちます。布団から手を出して何回かやってみてください。少しずつ身体が目覚め、布団から出るのが楽になります。

さらに、「指ヨガ」、手指を刺激することでヨガと同じ効果が得られるリラックス法7も、ここでご紹介しておきたいと思います。

これは私も（本番前などに）自分でよくやっているリラックス法です。

東洋医学では、「手・足・耳というひとまとまりの部分に全身の情報がある（部分即全体）」と言われ、足もみや耳などのツボを刺激するということがありますが、特に手が脳の緊張・興奮や、弛緩・鎮静の状態を表すと言われています。手指を揉みほぐすことで、身体の中の気の流れ、バランスが良くなり、柔軟性も増すのです。

詳しくは、脚注の書籍を参考にしていただければと思いますが、要領がわかればどこでもすぐにできるので、簡単に解説します。

まず机の上に右手を置いてください（どちらの手でもいいのですが、解説しやすいように）。

そこから指は机につけたまま、手のひらを浮かせてみてください。そして中指を少し浮かせて机から離し、他の指は全部つけたままもっと手のひらを机から離してみてください。4本の指で支えているような格好になりましたか？

これを、身体にたとえます。この状態を「四つん這い」になっているとイメージしてください。

そうすると、中指が頭に、手の甲が背中に対応しているのがわかりますか？

順に、親指が左足、小指が右足、人差し指が左腕、薬指が右腕です。イメージできましたか？

そうすると、先ほどからやっている「首・肩」のリラックスのためにはどこを揉みほぐせばいいでしょうか？

そうですね。中指、そして中指と人差し指の間、同じく中指と薬指の間の「水かき」と呼ばれている部分に刺激を与えると、首や肩に刺激を与えるのと同じ効果が生まれるのです。

騙されたと思って、何もしないときの首回しと、この指ヨガをやった後の首回しを比べてみてください。かなり違うはずです。具体的には、中指を満遍なくもみほぐす、回してみる、ねじってみる。反らせたり、内に曲げたりする。水かきの部分を手の甲を上にしてよく揉む。反対に手のひらを上に向けてよく揉んでみる。それぞれの動きを数十秒程度でもいいので刺激を与えてください。

特に、肩こりのひどい人は、「水かき」の部分を揉むと痛いかもしれません。ぜひ「痛気持ち良さ」を楽しんでください。電車の中でも職場でも、テレビを見ながらでもできます。ちょっと緊張しているかもと思ったらすぐにできるワークでもあります。

一度お試しあれ。

てっとり早くリラックスできる方法をいくつか紹介してきましたが、上記以外にも世の中には「身体をユルめる」ことに関して、いろいろな活動があり、たくさんの関連書籍が出ています。

ランダムではありますが、いくつか挙げておきますので(巻末の参考文献のところでも紹介していますが)、興味のある方は、参考文献を読んでいただいたり、そういう活動に参加するなどしてみてください。

まず、野口三千三が提唱した「野口体操[8]」です。「からだ」について、「身体感覚」について考えられていて、「からだの動き」を探る体操と呼ばれています。

特に、「ちからをぬく」、身体を「ほどく」動きが、身体のオーバーホールであり、身体の中の「情報・物質・エネルギー」の摂取・排泄を良くし、働きを良くするという考えに基づいた体操です。

次に、野口晴哉が提唱した「野口整体」です。野口が提唱した「活元運動」や「体癖論」「愉気法」などは、現代でも色褪せず、たくさんの人に影響を与えています。

現在活動している団体は、「やさしい野口整体」で検索してみてください。全国で「活元運動」が開催されています。

（あくまでも個人的主観ですが）野口晴哉の書く文章は美しいです。

参考文献としては、ひとまず野口晴哉『整体入門[9]』をお勧めします。

他にも、野口整体の思想をもとにした、片山洋次郎『ユルかしこい身体になる』集英社や、「ゆる体操」を提唱した、高岡英夫『「ゆるめる」身体学』静山社などの書籍が、現代社会に生きる私たちにわかりやすい切り口で、カラダを緩めることの大切さを書いています。

アメリカからやってきた「ロルフィング」も興味深いです。私も一時期、ワークショップに導入するなどハマりました。「日本ロルフィング協会」の公式サイトには、「身体の緊張を取り除き、深部から再生する。眠っている可能性を引き出す」とあります。

また、飯田茂実が継承している「みくさのみたから」は日本古来のもので、とても面白いです。日本の伝統的で、実践的・実用的な生活習慣を今に伝える「みくさのみたから[10]」。ここで学んだことが、現在私のワークショップにもたくさん活かされています。「みくさのみたから」にはHPもありますので、興味のある方はそちらも一度ご覧ください。

「リラックス」するということだけでかなり書いてしまいましたが、現代人にはこの「リラックス」することがとても大事だと個人的に思っています。

ぜひ、「声」という範疇にとどまらず、自分のスキルアップ、パフォーマンスを高めるために、これらの

「リラックス法」を活用してみてください。

➤ハミングレッスン

さて、次は実際に「声」を出していきましょう。

先ほども書いたように、「声帯の振動」である「喉頭原音」だけでは、十分に「響く声」にはなりません。頭は上半身も使って、増幅することで音量豊かな「響く声」になります。

そして、喉ばかりを酷使しないので、楽に「声」が出るようになります。

バイオリンやギターも、弦だけを鳴らしても大きな音にはなりませんが、胴体の中の空間に響かせることによって、大きく、そして深みのある音になります。

人の身体は楽器だと書きました。その楽器をいかにうまく響かせて、気持ちのいい音を出すか、ここが肝心です。

前述したように、「お鈴」が自由に振動できるような状況を作ることが大切なのです。そこで「ハミングレッスン」です。

「ハミングレッスン」とは、「M」の音や、「N」の音を出して、それをキレイに響かせることです。喉から鼻、そして頭、胸、そして上半身へと響かせるワークです。

では、「M音」から。

一番出しやすく、響きやすい音なので、無理なく誰でも出せて確認できます。

それでは、唇を閉じて、「む〜〜ん」と声を出してみてください。

どこが振動しているか、どこに響いていているのか、まずはひとつひとつ確かめていきましょう。

最初に「喉」を触ってみましょう。声帯が振動しているので、すぐに振動を感じることができます。

次に「唇」です。指を軽く当ててみてください。キレイな振動が伝わってくるでしょうか。どうも指に伝わってこないと思った人は、目を閉じて、喉だけでなく、もう少し前の方で振動させるというイメージでハミングすると唇が振動し始めます。

その感触がわかったら、もう一度喉の奥の方の振動、唇の振動、という具合に振動を前後に動かしてみてください。この、振動の場所が変わる、変えられる、動く、といった感覚がわかると、またハミングレッスンが楽しくなり、他の場所を振動させる感覚をつかめるので、いろいろと楽しんでください。

次に、声は喉から／口から、と思っている人が多いと思いますが、ここで自分の胸に手を当ててみてください。そしてリラックスして「M音」を出すと…。

手のひらに振動が伝わってきますか？

そうなんです。声を出すと「胸は振動する」のです。

ここでも、なかなか胸の振動が手のひらに伝わってこない人は、いろいろな高さの「M音」を試してみてください。少し低めの音でハミングすると…

あら不思議！キレイな振動が胸から伝わってくるのがわかります。

「声」は胸を震わせるのです。キレイな音、つまり良い声は自分自身を気持ち良く震わせます。

そして、同じ固有振動数を持つ音叉同士なら、片方の共鳴箱付き音叉を鳴らすと、もう片方も鳴り始めるというのは理科（物理？）の時間で習いましたね。

科学的なデータには基づいている話ではありませんが、「良い声」は、聞いている人の胸も震わせるのです。

「胸が震える」、このフレーズは「感動する」のメタファ（暗喩）として使われます。詳しくはまた次章で。

そして、もし気を許せる人が周りにいたら、自分の胸が気持ち良く振動するハミングをしているときに、背中を触ってもらってください。

はい、背中も振動しています。

「声を出す」というのは、上半身が振動することでもあるのです。

さて、身体で確かめる作業を続けます。喉から上へ戻りましょう。

次は鼻の上部です。メガネをかけている方なら乗っかっているあたりです。ここも気持ち良く振動していますか？

どの部分でも、どういう声を出すとより気持ちの良い振動になるかを確かめながらハミングしてください。

高い声、低い声、叫び声、アニメ声、うなり声、ガラガラ声、ささやき、大きな声、小さな声ｅｔｃ。

ハミングしながら、気持ちの良い声、身体に響く声を探してみてください。1種類だけではありません。違う音が、違う気持ち良さを感じさせてくれるかもしれません。

そうやって胸に手を当てて、ハミングしていると、ボイストレーニングに加え、呼吸のワークにもなります。さらに、何も考えず、ただ声を出すことに集中すれば、「歌う瞑想」、マインドフルネスにもなります。

もちろん、ハミングにメロディをつけていただいてもいいです。

ハミングしながら仕事をしたり、作業ができたらもっといいと思います。

次に、頭のてっぺんに手を当てて振動しているか、頭蓋骨まで振動、つまり頭のてっぺんまで響いているか、響かせているか確認しましょう。

これは、ちょっとわからない人が多いかもしれません。

特に普段「声が細い」と言われている女性だと、まったく頭のてっぺんに振動なんか感じられないという人が多いです。なので、最初からできなくても気にしないでください。私のワークショップでも、ほとんどの方が最初は振動を感じることができません。（だからワークショップに来るんですけどね）

頭蓋骨で振動を感じていない人にアドバイスするなら、口の中の空間を閉じない、唇は閉じているけれど、口腔内には空間がある、そんな状態をキープしながらハミングしてみてください。

後述する「母音の発声」のところで述べますが、口腔内と喉を開け、空間を作らないと良い振動が起きません。

まずこの段階では、「口の中に卵が入っている」くらいの空間を開けて練習してみてください。

このハミングレッスンのポイントは、「声」をいかに気持ち良く出すか、いかに「声」によって体を気持ち良く震わせられるか、この2点が大事です。

気持ち良い振動を身体中に広げることを、さまざまに試してみてください。

お風呂の中でやるのもいいですね。

お風呂の中は声が響きますし、身体もリラックスしているはずなので、とっても良いトレーニング場所です。

もし、振動がいまひとつ感じにくいと思ったら、ペアになってやってみるのもいいです。まず声を出すことに集中して、パートナーに上記の各部分に手を当ててもらい、よく振動する声、どんな声が一番手のひらに振動が伝わったかを教えてもらいながらやってみると、もっと効果があるでしょう。

では最後に、ハミングしながら、「声」が、「音」が出ているか出ていないか、そのくらい音量を絞ってみてください。

これは、わずかな息でもうまく声帯を震わせられるか、という練習です。

なかなか難しいです。

息の量を減らすとすぐに振動が止まって声が出なくなります。リラックスして、静かに落ち着いた声を出す練習です。

できれば、その小さな振動を、安定した呼吸で、ずっと続けられるようになるまで練習しましょう。

落ち着いた、聞いている人を安心させる声が出るようになります。

出している自分も気持ちいい声は、聞いている人も気持ち良くなる、これを忘れずに練習に励んでください。

➤ 姿勢／表情を意識する、身体的感覚を研ぎ澄ます

姿勢や表情ひとつで、人に与える印象がガラリと変わります。

姿勢が良いと、実年齢よりかなり若く見られます。たくさんの人に会う職業の方は「きちんとした人だ」という印象を相手に与えることができます。

姿勢が良いと、肩こりにもなりにくいですし、お腹も出てきません。身体的パフォーマンスも上がります。程よい緊張感も保てます。

また、いつも笑顔でいるだけで、そうでない人と同じことをしても同じ発言をしても、周りの評価は違ってきます。

感情を悟られたくなければ無表情でいることを意識しないといけません。感情が高ぶっていると気づいたら、平静な表情を保つことを意識しないといけません。

表情、そして自分の身体が今どのような状態にあるのかという「身体的感覚」にも意識を向けることが大切です。

そして、同じように、姿勢や表情、身体的感覚は「声」に多大な影響を与えるのです。

たとえば、私は声楽を学んでいるのですが、歌うときに「一生懸命」になってしまうと、眉の間にシワができて顔もこわばり、怖い顔になってしまうのです。

いつも先生から「フナツさん、顔が怖いよ、笑って」と言われています。

そう言われて、リラックスした顔、特に笑顔で声を出すと、先ほどとは「違う声」が出るのです。不思議です。

「気持ちいい顔」が「気持ちいい声」を作り、同じく「気持ちいい声」が「気持ちいい顔」を作ります。

私のワークショップでは、さまざまな声をイメージして出してもらうワークをやります。TPOに応じて最適な声を出す練習で、なかなか楽しいワークです。

たとえば、以下のような感じです。

・深みのある声／浅い声、
・頼りない声／自信のある声、
・そっけない声／気持ちの込もった声、
・太い声／細い声、
・高い声／低い声、
・優しい声／きつい声、
・癒す声／叱る声、

・　励ます声／突き放す声、
・　お願いする声／命令する声、

少々難しいところでは、
地を這う声、遠くに響かせる声、ふんわり包み込む声、部屋中にエネルギーが満ちる声、一点集中で突き通す声、などです。

どうやったらどんな声が出るか、まずイメージしてもらい、そして、さまざまな形で実験してもらいます。「全然そんな風には聞こえないよ～」などと、聞いている他の参加者の方からツッコミが入ったり、笑いの絶えないワークの時間です。

そしてその反対にもチャレンジしてもらいます。笑顔で思い切り「叱り飛ばす」とか、感情を込めて「そっけない声」を出すとか、身体中に力を込めて「ふんわりとした声」を出す、などです。

笑顔で「怒った声」を出すのはなかなか難しいです。反対に緊張でこわばった顔で、「穏やかな声」は出ません。

身体的感覚を研ぎ澄まし、まず「身体」から、そして「気持ち」から入り、「声」を自在に操ることをトレーニングします。

どのようなときに、どのようにしたら、どのような「声」が出るのか、もし自由に大きな声が出せる場所と時間を確保できたら、ご自分で一度いろいろと確かめてみるといいと思います。

さて、姿勢のことをもう少し具体的に解説します。

「しっかりした声」を出そうとするとき、よく「お腹から声を出せ」と言われますが、物理的に腹部から声が出ているわけではありません。

この章の前半や、第3章「声のメカニズム」で書いたように、「腹式呼吸」は、肺の容量の増減を、横隔膜の動きでリードしているために、お腹が動いているようなイメージがありました。

それに加えて、下半身や下腹部できっちりとした支えがないと、「しっかりした声」が出ないのです。下半身はゆるぎなく、上半身をリラックスさせて音を響かせるというイメージです。

私はいつもワークショップで「下半身は動かない支えだと思ってください、上半身はそれに乗っているプッチンプリンのようにプルプルしてます！」という具合に指示しています。多少、イメージが湧いてきましたでしょうか？

日本は昔から「腰・肚（はら）文化」と言われていて[11]、武道や、舞・謡曲などの芸能分野などでも、腰や肚をカッチリ「決める」のが基本になっています。

具体的に身体で確かめましょう。

この章の前半でも書きましたが、まず「臍下丹田」を意識です。

上半身には力を入れず、おへそと性器と肛門を結んだ三角形の中心部（あたり、と思っていただければけっこうです）に意識を集中します。

頭は天井から糸で吊るされているように上へのばす。もしくは、頭に何か載せて歩いているような感覚で、背筋を伸ばします。

次に、息を吸いながら、緩やかに、手のひらを上に向けて左右から上げていき、そしてそのあと手のひらを下に向けて、吐く呼吸とともに下に押し下げていきます。このとき、腹式呼吸していることを忘れずに。

そして、どちらの動作にも力を入れないでください。

武道をやったことのある方や、空手などの「型」を見たことのある人は、上にあげた手を、ゆっくり下げながら身体の前で交差させて、また開きながら下へ押し下げていく動きを知っている人も多いでしょう。

イメージできる方はそんなふうに試してみてください。

この動きを何回か繰り返すと、意識が、力が、下半身に集まるのを感じます。

その時点で鏡を見てみてください。すっきりと背筋が伸びたいい姿勢になっていることに気づくと思います。

その姿勢で、ハミングレッスンや、後述の「発声練習」にトライするといいです。いつもの（ちょっと猫背気味の）姿勢で、普段通りに出した「声」との違いを確かめてください。

その姿勢から、おへそが先導していき足が出ていくような歩き方ができるようになると、颯爽としたいい姿勢で日常生活が過ごせるようになります。

これもワークショップやセミナーで実際に見てもらうのですが、重い荷物を手に提げて、猫背になって上目遣いで、ちょこちょこと歩幅を狭く歩く様子と、背筋を伸ばして歩く姿の両方を、私が実際に実演します。

目の当たりにすると、イメージが驚くほど変わることをみなさん実感としてわかってくれます。

声楽のレッスンでアドバイスされることも同じです。下腹部で支えて上半身はのびのびと、そして視線は少し遠めに、などです。

素敵な声を手に入れるために、日常生活においても姿勢を意識するようになる、その結果、他の人から見えるあなたのイメージが劇的に良い方に変わることは間違いありません。

また、姿勢を意識するだけでなく、顔の筋肉をなめらかに動かすトレーニングも必要です。数ページ前のリラックスのところでも書きましたが、いつも同じような表情しかしていなくて、思い切り顔の筋肉を動かすことをしていない人が多いようです。

顔の筋肉をゆるめて動かしやすくするには、顔の「表情筋」のトレーニングも有効です。「表情筋トレーニング」を永年指導されている山田万希子さんは、著書『美人3分』の中で、素敵な笑顔を作るための10個の表情筋の役割を解説し、それぞれのトレーニングを紹介しています。

笑顔ひとつとっても、顔の様々な細かい筋肉が作用しています。一度、具体的に笑顔にはどんな筋肉が作用しているのか、知っておくのもいいかもしれません。

良い声を出すことに限らず「笑顔」は最強ですね。

➤ 母音の練習、喉を開けて響かせる

さて、いよいよ日本語の音のトレーニングに入っていきます。

本書、第3章「声のメカニズムを知る」、日本語の音について（母音）の部分はもう読んでいただけたでしょうか？

母音の確認、（1）～（5）まで、実際に声を出しながら試していただけたでしょうか？

母音というのは、口の開きや舌の位置を変えることによって、口腔内の容積や形状を変えることで響きを変える音でした。

つまり、良い日本語の音、聞き取りやすい音を発話するためには、口の中の形をそのようにきちんと作ることが大切です。早口になっていい加減に発話したり、あまり口を動かさないとか、ちゃんと開けたり閉じたりしないと、とても聞き取りにくいものになります。

発音練習の解説本の中には、それぞれの母音を、正面から見た唇、つまり「口の開けた様子」のイラスト

が描かれていることが多いですが、「口の中の形状」の方が大事です。実は日本語はあまり口を（正面から見て）開けなくてもなんとか話せる言語なのです。日本人の意識として、大口を開けて「ガハハ」と笑うのはみっともない、特に女性の方はハシタナイという意識があると思います。口元を隠して笑う文化です。

この辺り、女性らしく、と育てられ、そういう意識が強い人ほど、「私の声が聞き取りにくいって言われるんです」という人が多い理由かと思われます。

反対に、欧米の言語は口を大きく開けて発音するので、聴覚に障害を持つ人は、まず「読唇術」を学びます。口がどう動いているかで相手の話を（どの音を発しているか目で確認して）理解するのです。「読唇」であれば健常者と同じように、障害を気取られないように話ができるからです。（もちろん相手の顔が見えないことにはどうしようもないですが）

しかし、日本語はほとんど口を開けなくても発話できるため、読唇術が難しいとされています。日本では、聴覚障害の方は「手話」でコミュニケーションをとる方が多い所以です。

一度、鏡の前で、手鏡を出して、もしくはスマホの自撮りの画面で自分の口の動きを確認してください。

ボイストレーニングでは、「ア」の発話の際に、指を2本、縦に揃えて口に入れるくらい開いてもらいます。

普段の「ア」の発話では、そこまで開いてない人の方が多いと思います。

それぞれどのように口の形を作っていくのか書きますね。

- 「ア」は、上記のように指を2本縦に揃えてもゆっくり入るように口の中に空間を保ちます。同時に喉も開けます（これは後述します）。
- 「イ」は、横長の空間が口の中に広がっているように。しかし、力が入って口の中が狭くならないように、空間に余裕を持って。

・「ウ」は、口腔内に丸い円筒が入っているようなイメージです。しかし、あまり唇を前に突き出さないように。日本語の「ウ」の母音は「円唇」ではありません。試しに、ごく普通に「歌」や「海」と発話してみてください。唇は丸くありません。

・「エ」は、「ア」と「イ」の中間くらいです。「イ」よりは大きな横長の空間です。喉の奥に行くにつれて広くなっていくようなイメージです。

・「オ」は、「ウ」よりももっと太い円筒をイメージしてください。そして、この「オ」こそが、日本語の母音で唯一「円唇」です。はっきり発話するために、唇を突き出していただいてけっこうです。

それぞれの音を発話する口の形状のイメージがつかめましたか?

日本語は、アイウエオのみならず、ほぼすべての子音に母音がセットになっています。おまけに、語末、文末がほぼ母音で終わるので、聞いたときに母音の響きが残っています。母音の発音がとても大事なのです。

では、練習です。

たとえば、「おはようございます」や「ありがとうございます」をはっきり聞き取りやすく発話するための練習として、それぞれの母音のみを発話するというものがあります。

「おはようございます」は、

「お・あ・お・お・お・あ・い・あ・う」、

「ありがとうございます」は、

「あ・い・あ・お・お・お・お・あ・い・あ・う」です。

ちなみに、「おはよう」も「ありがとう」も、文字とは違って、最後の音は「う」ではありません。「お」ですね。「おはよう〜」って発音すると変ですよね。

上記の「母音のみの発話」を繰り返し練習し、そこに子音を乗せてみると、聞き取りやすさがまったく違ってきます。一度試してみてください。

次に、私のワークショップでも毎回やっている練習方法を書きます。実は、「劇団四季」で行なわれている練習法です[12]。

劇団では「レギュラー表」と呼ばれているもので、稽古場ではこれを日夜練習する研究生の声が響いているそうです。ベテランの方も楽屋でこれを発声練習してから稽古の舞台に立つそうです。

具体的には以下のような発声です。

「アイウエオ・イウエオア・ウエオアイ・エオアイウ・オアイウエ」

これを「腹式呼吸」の解説のところでも紹介しましたが、ひとつひとつの音を、お腹を意識しながら「スタッカート」（ひとつひとつの音をはっきり）で発話します。

ひとつひとつの音の「口の中の形状」を確かめながら、正確に発話していきましょう。（他のワークもすべてそうですが、いまひとつワークのやり方がピンとこない方は、ぜひ私のYouTubeサイトで確認してくださいね）

ひとつひとつの音がきちんと発話できるようになったら、次に、この1行を丸ごとワンブレス（ひと息）で「最大限に」口を開けて続けて発声します。やってみると分かりますが、かなり体力を使います。この母音練習ができるような「大きな声が出せる場所と時間」を確保できるといいですね。

さて、再度確認です。あなたの口はちゃんと開いていますか？

そして母音を響かせるには、「喉」も空いてないといけません。「喉」を開けるためには、第3章の「口腔内の図」の「軟口蓋」の部分が上に引っ張られていないといけないのですが、具体的には、「くしゃみをする直前の喉」をイメージして再現してみてください。

いかがでしょう?喉が広がっている感触がつかめたでしょうか?

もしくはあくびをする最初の部分です。その開いた喉で上記の母音の発声練習をしてみてください。喉を開けていないときと開けているときの音の違いを聞き分けて、身体で感じてみてください。

注意すべきは、喉を開ける際に力を入れすぎて、いわゆる「喉声」(喉を力づくで開けそのまま固定させて出す声)にならないように気をつけてください。リラックスしながら喉を開ける感覚で、気持ち良く発話できるように練習してみてください。

➤ 子音の練習、一つ一つの音をはっきりと

次に子音の練習ですが、第3章の「日本語の音について(子音)」のそれぞれの「行」の特徴、発話の仕方の確認をしてください。

そして、先ほどの劇団四季のレギュラー表の続きを練習します。

母音練習と同じような流れで、カ行以降の子音を「50音順に」発声練習です。

「カキクケコ・キクケコカ・クケコカキ・ケコカキク・コカキクケ」

「ガギグゲゴ・ギグゲゴガ・グゲゴガギ・ゲゴガギグ・ゴガギグゲ」

「サシスセソ・シスセソサ・スセソサシ・セソサシス・ソサシスセ」

といった具合にワ行まで練習です。

そして、きちんとひとつひとつの音が出せるようになったら、母音と同じように「ワンブレス」で1行全部一気に発話してみましょう。それもできるようになったら、今度は母音から始めて子音のどの行までワンブレスでいけるか試してみましょう。最初は2〜3行しかいけなかったのが、練習を続けていれば5〜6行一気にワンブレスでいけるようになります。

ただし、これは早口言葉の練習ではありません。速さより正確さを大切にして、ワンブレスで落ち着いて発話できるようになるといいです。

他にも子音の練習としては、最近有名になってきた「パタカラ体操」もいいと思います。（「パタカラ体操」でググっていただければたくさん解説が出てきます）

そもそもの始まりは、「咀嚼」や「嚥下」の機能を回復させるために、口や舌の動きを鍛える目的で取り入れられたようですが、子音の発話のよい練習になります。

具体的には、「パ」「タ」「カ」「ラ」を、それぞれ5文字3回ずつ発音するというものです。「パパパパパ・タタタタタ・カカカカカ・ラララララ」を3回繰り返し発声です。

第3章で解説したように、

「パ」は、まず口をしっかり閉じることから。

「タ」は、舌を歯茎部分につけて破裂させるように音を出す。

「カ」は、軟口蓋と後舌を意識して発音すること。

「ラ」は、舌を少し丸めて歯茎部分にしっかりつけることを意識する。

自分の好きな歌の歌詞を「パタカラ」に変えて歌うのも、楽しくやれて、効果があるようです。

口や舌の筋肉を刺激し、トレーニングすることで、日本語の発音がはっきりして、少しずつ良い音になっていきます。筋肉は動かさないとすぐに退化していきます。では、絶えずお喋りしていればいいかというとそういうことでもありません。悪いクセのまま喋り続けるのではなく、早めに自分のクセを知り、そこに気をつけながらはっきり子音を発声する練習を継続してください。

➤ボイスメモを活用する

そこで活用したいのが、今はスマホであればたいてい最初から備わっているアプリ「ボイスメモ」です。第1章の「自分の声に耳をすます」でも書きましたが、「録音された自分の声を聞くのが嫌い、自分が喋っている動画は見たくない」という心理状態では、自分の声を良くすることはできません。

他人が聴いているのは、「自分が聴いている自分の声」ではなく、録音・録画された動画から聴こえてくるその「声」なのです。自分の声を第三者的に聴いてチェックしないといけません。

ぜひ、ボイスメモ機能を十分に活用してください。

まず手始めに、前述の「母音の練習」「子音の練習」を録音して聴いてみましょう。聴きやすい、明瞭な音が出ているでしょうか？

ここで、録音された自分の声はやっぱり聴きたくないと思った方、第1章にもう一度戻ってもらって、私のアドバイスを読んでみてくださいね。

「慣れ」です。そして、どうやったらいい感じに聴こえるか、違う声を、違う声の出し方を何度も試してみて、これなら聴ける、いい感じだなって音（声）を探して出すようにしてみてください。そのうちだんだん楽しくなってきます。

私も、人前で話すことにはある程度経験を積んで、スピーチのリハを録音してチェックすることは少なくなっていますが、歌うのはまだ初心者の域を超えていないので、ライブや発表会の前はカラオケボックスや貸しスタジオにこもって、必ず自分の歌声をボイスメモでチェックします。

いろいろな修正点が見つかります（聴こえてきます）。それを修正しながら、少しずつ「聴ける歌声」になっていく過程は楽しい作業です（最初は聴くたびに落ち込みました…、自分の歌声を聴くたびに、恥ずかしくて汗をかいていました）。

ハミングレッスンの声も録音して聴いてみるといいかもしれません。自分が聴いている音とはまったく違って、「こんなに響いてないのか」ってがっかりするかもしれません。

でも、誰でもそこからのスタートです。

これから良くしていけばいいのです。「え〜、なんか最低〜」なんて卑下する必要はありません。最低なのであれば、これからは良くなっていくばかりです。

ひとつひとつの音がだいたい満足できるレベルに達したら、次に紹介するトレーニング、「音読」「朗読」の声も録音してチェックしてください。

ちなみに、ボイスメモでチェックしてトレーニングすることに加えて、次の段階として、動画を撮って、声に影響を及ぼす「話すときの姿勢」や「表情」などもチェックすることをお勧めしたいのですが、この動画の活用とチェックの詳細は、次の章の「プレゼンテーション」「スピーチ」のところで解説しますのでそちらをお読みください。

しかし、自分の映っている動画を撮る／見ることも、今はスマホがあれば誰でもすぐにできますよね、スマホは本当に人の行動を変えた偉大な発明だと思います。使わない手はありません。

余談ですが、私は30年くらい前からビジネスセミナーをやっています。今でもよく思い出すのは、20年くらい前にはすでにスマホは「技術上は可能」だと言われていたことを知っていたので、セミナー参加者の前で、電卓や文庫本を取り上げ、「このくらいの大きさにいろいろな機能が詰め込まれたコンピュータができます」、「今よりインターネット環境が整備されれば、手元には小さな機械しかなくても、それとつながる環境に膨大な情報やソフトがあれば、いつでもそこにつなげて、検索ができたり、メッセージを送ったりできるようになります」と話していました。

当時、参加者のみなさんは半信半疑で聞いていました。話している私も半信半疑でした。でも今は、スマホのおかげで、デジカメ、ラジカセ、ビデオカメラ、地図や、車のナビなどもある意味不要です。文庫本より小さな箱で電話もできれば、ゲームもできて、さまざまな情報を手に入れることもできる。スマホ以前と以後で、私たちの世界、人間の行動は明らかに変わりましたね。

ちなみに、私は現在大学で教えていますが、連絡事項をホワイトボードに書いて「これメモしておくように」と言うと、おもむろに学生がスマホを取り出して写真に撮るという…。これはいつ頃から始まったのでしょうね？？

閑話休題。

「自分の声を録音して聴く」ということ自体がトレーニングなのだと思って頑張ってください！

➢ 朗読する／歌う

次に、単音ベースから、単語、文章レベルでのトレーニングにいきましょう。ここでぜひお勧めしたいのが、まずは文章の「音読」、そして「朗読」です。

「話術の神様」と言われた徳川夢声の言葉を紹介します。

夢声は、「さて、その声帯の調節と、口腔とか鼻腔の調節は、いかにして練習するか?」と問いかけ、相手のある場合を解説し、次に以下のように書きます。

> 相手のない場合、私が第一番にすすめたいのは、本を朗読することです。
> 童話が巧くなりたいと思う人は、童話の本を、目の前に子供が効いているつもりで、話すように読む、恥ずかしがらずに、相当大きな声で読む。落語、講談の類は速記文を、演壇にいるつもり、議会にいるつもりで読む。
> 読むというより、語るのですが、ただ漫然と読むのではなんにもなりません。言葉の内容をよく頭で消化しつつ、いろいろの想像力を動員して、自分がもっとも効果的であると信ずる読み方をする。すなわち、大きな声を発するところ、至極つぶやくようにやるところ、明るい調子で読むところ、暗い気分で読むところ、早口に急調に流すところ、ゆっくり、のんびりと行くところ、というふうに神経を働かしつつ読むのです。[13]

まずは声に出して読むこと、「音読」してみることです。つっかえないようにスムーズに、間違いのないように読むことができるようになったら、次は夢声も書いているように、効果的に読む、どう聞こえるか考えながら読むという「朗読」ができるように練習していくといいでしょう。

文中に「自分がもっとも効果的であると信ずる読み方」とあるので、心配性の人は、果たして自分の読み方はこれでいいんだろうかと迷うかもしれませんが、そういう時こそ、前述のボイスメモを使うのです。客観的に聴いてみましょう。

さらに、もし周りに朗読の得意な人がいたら聴いてもらい、アドバイスしてもらいましょう。

そのアドバイスをもとにさらに練習です。

また、日本で俳優や声優、アナウンサーの研修などで使われる「外郎売（ういろううり）」で練習するのもいいでしょう。「外郎売」というのは歌舞伎の口上、長台詞です。検索してもらえば、台詞も簡単に手に入れることができます。モデルとなる音声もYouTubeで簡単に見つかります。初心者には、ちょっと難しいですけど…。

自分の好きな小説や詩、または演劇の脚本でもいいでしょう。音読してみるとまた違った趣が感じられます。より良く作品を理解できることにもつながるので一石二鳥だと思います。

また、失語症などのリハビリにも「音読」は利用されています。

沼尾ひろ子さんは42歳の若さで、脳梗塞で倒れ失語症になり、その後回復したのですが、その言葉を取り戻していく過程を本に綴っています。そしてその過程において「音読」の重要性が語られています[14]。

言葉が出なくなる、どんな衝撃でしょうか。自分の名前も言えない、声が出ない。字も読めない。ごく普通にできたことができなくなるのは実は大変なことだとわかります。

第6章のコラムに書きましたが、言語のリハビリを司る言語聴覚士が、脳神経外科医と看護師とチームに組んでその治療にあたり、言語機能を復活できたその過程は驚嘆に値します。

沼尾さんは、退院後もキュウリとトマトを言い間違えてしまう「錯語」に悩まされますが、脳トレ本の問題を解いたり、さまざまな書物の「音読」で克服されたそうです。

また、「群読」という試みも各地で行われているようです。「群読」とは、「文章や詩を大勢が分担しながら朗読すること」とあります[15]。

人前で、一人で朗読するのはちょっと恥ずかしい、そんなに上手く出来る自信がないという人はこういったことをやっているワークショップなどに参加されてもいいかもしれません。最近、小学校・中学校などでもけっこう授業やイベントの一環として行われているようです。

ただし、「複数の読み手による朗読。単独での朗読や唱和などを組み合わせることで、迫力や芸術性を生む。小学校の卒業式の呼びかけは群読の行事である」といった解説があったり[16]、群読は、ただ単に声を合わせてみんなで朗読することでも、一斉に音読することでもないという意見もあるので、単独での朗読より難しいものかもしれません。

こうなると演劇に近いものを感じますね。

ぜひ「声を出す」トレーニングとして、「音読」や「朗読」というワークを試してみてください。

次に「歌う」ことについて。

楽しく「声を出す」トレーニングをすることにおいて、「歌う」ことはとてもいいワークになると思います。そもそも、ボイストレーニングは歌うためにやるものだという考えの人も多いかと思います。

ただ、「歌うときの声」と「話すときの声」が違う人も多いので注意してください。

この第4章は、「話すときの声」をいかに良いものにするかを書いているので、歌うことはいいトレーニングになっても、いい声で歌うことばかりに焦点を当てると、話すときの声とは違っていいということになり、本末転倒になってしまう恐れがあります。

私も音楽活動をしているので、音楽仲間、オペラ歌手、合唱で知り合った人などたくさんの歌い手を知っていますが、話すときはごく普通の声なのに、歌となると素晴らしい声を出す、そういう人がほとんどです。

それに、オペラ歌手の声が素晴らしいと言っても、あんな声でいつも話すわけではありません。ＴＰＯに応じた良い声を選んで出すことが大事だと第1章でも書きましたね。

そういったことを忘れずに、自分の普段の声を良くするためのトレーニングなのだということを考えて行えば、「歌うこと」はとてもいいボイストレーニングになります。

私が歌にのめり込んでいったその過程や、歌うことを楽しんでいること、どのように歌のレッスンを始め、そして継続しているかについては、第7章に書きましたのでそちらを読んでください。

ちなみに、これは笑い話ですが、声楽の歌い手さんたちの飲み会はとてもうるさいです。お酒を飲んでタガが外れ、エネルギーが放出され、自在にその喉を解放し、好きなようにみんなが声を出しているという状況を思い浮かべてみてください。凄まじい声量をお持ちの方々が、酔って声をかぎりに叫び、それがウワンウワンと共鳴している空間です。いやはや…。楽しいんですけどね、もちろん！

さて、「歌うことがいいのか、よし、じゃあカラオケへ行こう」と思った方、ちょっと注意が必要です。

そのカラオケ屋さんの部屋の掃除は行き届いているでしょうか？エアコンのフィルターはこまめに交換されているのでしょうか？その部屋でタバコを吸った人はいなかったでしょうか？部屋は乾燥していませんか？

いろいろ思い浮かべると、あの場所は「喉」にはあまりいい環境じゃないのかもしれません。もちろん、カラオケそのものを否定しているわけではありませんので誤解のないようにお願いします。ちょっと注意してほしいなということです。

「カラオケ行くぞ〜！」ってカラオケ屋さんになだれ込むとき、お酒を飲んでアルコールで充血した声帯で、声をかぎりに、歌うというより叫んでいませんか？すぐそばで誰かがタバコを吸っていませんか？

疲れた体、ストレスのたまった状態で「喉」、身体の状態のことなんか考えず歌っていませんか？夜通し歌って声が枯れたことはありませんか？

カラオケ屋さんで好きなように歌うのは、ひょっとして喉を痛め、声を悪くする可能性もあるかもしれないので、気をつけてくださいね。

うまく歌おうとか、誰かに褒められたいと思って歌うのではなく「気持ち良く自然に声を出す」「普段なら出さないような大きな声を出す」「声に感情を込めて、歌で何かを表現する」、そんなふうに歌うことができるのであれば、いいトレーニングになるでしょう。

歌うことで、声を響かせることを意識できるようになる。フレーズの合間の息継ぎを考え、大きな呼吸「腹式呼吸」ができるようになる。上半身全部を使って声を出せるようになる、など、良い点はたくさんあります。

歌って楽しくボイトレしてください。

ちなみに、「歌う」といえば、私たちはどうやってメロディ、声の高い／低いを調節しているのでしょう？どのようにしたら高い声が出て、低い声が出るようになるのでしょう？知っておくとカラオケが楽しくなるかもしれません。

弦楽器のチューニングを想像してください。音を高くするときには弦を引っ張って緊張させます。低い音にするためには緩めますね。

声帯も同じです。高い声を出すときは、声帯を前後に伸ばしほどよい緊張を与え、低い声を出すときには緩めます。

ファルセットボイス（裏声）を出すときは、声帯はとても薄く引き延ばされています。

なので、高い声は練習すれば出るようになることが多いですが、低い声はなかなか難しいと言われています。そして、高い声を出すときに喉を締めたり、低い声を出すときに力を入れたりと逆のことをしないようにしましょう。

また、バイオリンやギターを弾いている人を思い浮かべてください。高い音のとき、どこを押さえていますか？

高い音のときは真ん中あたりを、低い音のときはネックに近い方を押さえていますね。

あれは、弦の長さを調節しているのです。真ん中あたりを押さえているということは、その状態で弦を弾いても、押さえている場所から端までしか震えません。つまり、弦は短くなっているのです。

ネックの近くを押さえているということは、長い弦を弾いているということです。弦が短くなれば高い音、長くなれば高い音が出るわけです。

少年や女性の声帯は短いので高い声が、男性は喉も大きく、大きい声帯で、また身体も大きく響きやすいので、女性より低い声が出るというわけです。

➤「ベクトル」を定める

私が『声のワークショップ』を始めた頃、バイブルのようにしていた本があります。鴻上尚史さんの『発声と身体のレッスン』という本です。そこで紹介されているのが「声のベクトルをイメージすること[17]」。

鴻上さんは、話すときに「声を前に出すこと」は、とても大事なことだとして、でも前に出ていても相手に届かなかったり、シャワーのように広がってしまったり、反対に、突き刺すようなきつい声だったりしてはいけないと書きます。

そして、自分の出す「声」のイメージをはっきりと持つことが大切だと説き、それを「ベクトル」と呼び、「声」には「方向と大きさ」がある、「声」は不思議なもので、その「方向と大きさ」をはっきりとイメージすると、そういう声になる、と書いています。

この「相手に届くように」というのを意識しているかどうかで「声」は変わります。

この「声のベルトル」を感じ、練習する方法を以下に紹介しておきます。演劇界では有名なレッスンだそうです。

ただ、一人ではできなくて、何人かいないといけないのですが…。

まず、ランダムに選ばれた数人が、背を向けて数m先に間隔を置いて立ちます。その背中に向かって、一人が声をかけるのです。「すいません」でも「ちょっと」でもいいです。

声をかける前に、誰（の背中）に声をかけたいか、無言で指差しておきます。そしてその人に向かって声をかけます。そして、背中を向けて立っている人には、「自分が呼ばれたな」と思ったら手を上げてくださいとお願いしておきます。

そして声をかけるわけですが、これがなかなか思う通りに伝わらない。声をかけた当の本人が手を上げてくれないのですね。

一人に声をかけたはずなのに、何人もが手を上げたり（全員が手をあげるときもある）、または反対に誰も手を上げなかったりします。誰も自分が呼ばれたとは思わなかったのですね。

つまり、声をかけたいと思った人に、ちゃんと声が届いてないのです。

これは私のワークショップでもいつも行うワークで、とても人気があります。終わった後に書いてもらうアンケートでも、このワークが一番不思議で、そして楽しかったと書く人が多いです。

先ほども書いたように、声がシャワーのように広がって、全員が手を上げたり、方向が定まっていないとか、届かず途中で消えてしまったりすると、誰も手を上げないという結果になります。

声をかけた人とはぜんぜん違う場所にいる人が手をあげることもあります。

見ている全員、声をかけた当人も爆笑です。

そこで参加者が感じるのは、自分が思っている以上に自分の声が思ったところへ届いていないという実態です。これはとても大事な気づきです。

ちゃんとその人の方を向いて、ベクトルを考えながら声を出す訓練が重要だとわかります。

ちなみに、一人でも、普段の生活でも、この「ベクトルを定める」トレーニングはやろうと思えばできます。

たとえば、混んだレストランやカフェなどで、こちらを向いていない店員さんに向かって「すみません」という声をかけ、一発で振り向かせてみてください。友達や家族に対して、名前を呼ばずに、狙い通りに、「ちょっと」という声で、振り向かせられるようにチャレンジしてみてください。

➤ 声をよくする「生活習慣」

そして、この第4章「トレーニング」の最後に書いておきたいのは、まずは「声の源泉」である「声帯」を大事にする生活を送れるよう留意してほしいということです。

「身体は楽器」であると先にも書きましたが、良い音（声）を出す楽器だと考えていただいて、きちんと機能するように各部分を適切にメンテナンスすることが大事です。

大工さん、板前さん、その他職人と呼ばれる人たちは、自分の道具を大事にします。自分の技を最大限に活かしてくれるものとして道具を選びます。道具にこだわらない人であっても、道具のメイテナンスは間違いなく怠らずにやっているはずです。

スポーツ選手でもそうだと思います。メジャーなところでは、イチロー選手のグローブやスパイクに対することだわりは有名でした。

スティーブン・コヴィーのベストセラー『7つの習慣』に次のような有名なエピソードがあります。

森の中で、木こりがのこぎりで木を切っているが、とても大変そうだったので声をかけると、もう5時間も木を切り続けているとのこと。「少し休んだほうがいい、そして刃を研いだらいかがですか？」と声をかけると、「そんな暇はない、木を切るだけで精一杯だ」と[18]。

刃を研いだほうが、効率が上がって楽だろうに、目の前のことでいっぱいいっぱいで余裕がない。かえって遠回りをしているというエピソードですね。

良い声になるためには、声を出す道具「身体」のメンテナンス「健康」が何より大事です。

さて、声の源泉である「声帯」についてもう一度確認してみましょう。

「声帯」は、成人男性でも約2㎝、女性だと1．5㎝くらいの、ピンク色の、粘膜で覆われている、とても傷つきやすいデリケートな器官です。

さらに、身体の中にあるといっても、外部の空気や、外から入ってくる異物に直接接触してしまう場所にあります。

「喉を乾燥させない」

「無理に大きな声を出そうとしない」

「アルコールはほどほどに」

「タバコはちょっと」（どころか百害あって一利なしとも言われます）、
など、普段から大切に扱うことで声帯はうまく機能します。日頃から少し「声帯」に気を配って（声を出すときにちょっとだけ思い出して）あげてください。

「鼻呼吸」が大切なこともこの章の初めに書きましたね。

さらに、風邪や、気管支炎にならないように気をつけるのも当然ですが、鼻づまり、口内炎、唇の怪我や腫れなどでも声が変わるのを経験した人も多いと思います。声帯や喉、口腔・鼻腔の状態を良好に保つということは、日々自分の健康状態に気をくばることでもあります。

また、「喉に良い食べ物」「喉に良い飲み物」と検索すれば、たくさんの事例が紹介されています。参考にしてもらって自分に合うものを少しずつ見つけていってください。

しかし、飲み物も食べ物も、そして薬も、飲んだり食べたり服用した場合、口腔から食道を通っていくので、直接「声帯」には作用しません。

「声帯」は、空気の通り道である気管の上部に位置しますので、「声帯」に直接個体や液体が触れることはありえません。それこそむせてしまいますし、気管に異物が入ったらそれこそ気管支炎や肺炎になってしまいます。

ちなみに、むせるという生理学的反応は、異物を感知したら勢いよく息を出して異物を取り除くという行為です。

喉に良い食べ物・飲み物、そして薬は、喉全体の組織に影響を与えて、じわじわと「声帯」のあたりに作用していくものだと考えてください。

さらに、精神的なもの（心配事、悩み、極度の不安や緊張・恐怖など）も「声」に大きな影響を及ぼします。

月並みなアドバイスで申し訳ないですが、過去のことにくよくよせず、未来に大きな不安を抱かず「なんとかなるさ」と思い（もちろん備えは忘れず）、むやみに怒ることをせず、今を楽しく生きることができれば、そんなに「声」に悪い影響を及ぼすことはないと思います。

「声」に影響する、精神的なものに関しては、第7章でも書いているので、そちらも参考にしてください。

さて、第4章だけでかなり書いてしまいましたが、ここまで紹介してきたトレーニング以外にも有益なものはたくさんあると思います。

インターネット上でも、「滑舌を治す」とか「魅力的な声」とか「声を良くする」などという言葉で検索すれば、ボイストレーナーの方々が、さまざまなトレーニング法を紹介していてたくさん読むことができます。

ぜひそちらも参考にしてください。

もしくはすぐに通えそうなところに、いいボイストレーナーの先生が見つかるといいですね。

大事なのは「トレーニング」、「正しい努力」を「継続する」ことです。

この「継続」とは、行動すること、実際にやってみることで、努力を「習慣化」することです。

習慣化されれば、これまで頑張ってやってきたこと、パワーをかけないとできなかったことがごく普通にできるようになります。

三日坊主でもいいのです。三日続けることができたのです。その三日坊主を何回か行うことができたら、立派な継続です。

でも、なかなかその習慣化も難しいですよね。新年にかかげた目標がわずかな期間で潰えてしまった人も多いと思います。ジム通い、ダイエット、ランニングなどなど。

なので、ここでひとつアドバイスを。

習慣化するためには、「ついで」がいいそうです。まったく新しいことを始めるのではなく、「会社帰りについて」とか、「お風呂に入るついでに」など、いつも習慣となっているところに、続けたいことをトッピングするような形で始めてみることをお勧めします。

歯を磨くついでに「あいうべ体操」を、お風呂で「ハミングレッスン」を、カラオケに行ったついでに「レギュラー表の発声」を、などなど、楽しみながら続けられるように工夫してみてください。

そして、これも覚えておいてください。

トレーニングによって、自分が変わっていくその変化は、自分ではなかなか分からない、気づかないものです。トレーニングを続ければ、必ずみなさんの声は変わっていきます。焦らず、気長に続けてください。

そのうちきっと、「あれ、なんか最近喋ってるとき、いい感じなんだけど」なんていう褒め言葉をもらうようになると思います。

頑張ってくださいね。

＊ コラム「ヨガについて」

私は、20年以上ヨガをやっています。長く続けていられるのは、やはり心にも身体に良いものだと実感できるからだと思います。

この章の前半で書いた「呼吸」や「リラックス」、「カラダをユルめる」ことに関しては、ヨガがかなり有効だと思います。私自身の「声のワークショップ」にもヨガのワークを取り入れています。また、ヨガの長所やヨガによって得られるものに関しては（もちろん短所もあります）、たくさんの本が書かれ、専門の雑誌もあり、インターネットにもさまざまな情報がありますので読んでみてください。

ここではヨガに対する世間の「誤解」について、そしてヨガは決して万能なものではないことを書いておきたいと思います。ヨガについて誤解したままトレーニングに取り入れても、かえってよくない結果になるかもしれないからです。

まず、誤解の1つ目、「身体が硬いのでヨガはできない」。

身体が硬い。若い頃より身体が固まっている。普段運動をしないので、筋肉や関節の可動域が日常生活で動く範囲内に狭まっている。そういう人こそ、ヨガのポーズ（アサナと言います）を「呼吸とともに」行い、緩やかに身体の各部分を動かしてください。滞っていたものが動きだす感覚があって、とても気持ちいいです。「身体が硬い人ほど」ヨガをやったときの効果が大きいのです。

2つ目、「前屈でつま先に手が届かない、開脚ができない、恥ずかしい」。

もちろん、身体が硬いよりは柔らかいほうがいいこともあります。若さと身体の柔らかさは比例します。人間は年をとるにつれて身体は硬くなっていきます（頭も）。赤ちゃんや子供と大人を比べればわかるように、身体の柔らかさは思考の柔軟性にもつながるようです。

しかし、前屈で手が床にぴったりくっつく必要はありません。開脚ができないと生活に不自由するなどということもありません。

身体の柔軟性は、筋肉のつき具合、関節その他の動き、過去に怪我をしたかどうかなど、人によってそれぞれ違います。身体の柔らかさを人と比べる必要はまったくありません。

それこそ、手が人より長ければ身体が硬くても前屈してつま先を持つことはできます。

スポーツカイロプロクターの仲野広倫さんは、著書の中で「ちなみに、開脚や前屈ができることのメリットはズバリ「開脚や前屈ができること」だけです。ダンサーやヨガの先生なら必要な動きでしょう[19]」とまで言い切っています。

仲野さんはこの本の中で日本人の健康に関する常識を、世界最新のスポーツ医学の見地からたくさん否定していますが、開脚や前屈ができないことは、欠点でも不健康の証拠でもないことは明らかです。

3つ目、「あんな難しいポーズはできない、他の人ができるポーズが自分にはできない」。

ヨガのことを、難しいポーズをとることだと思っている人が多いようです。ヨガの雑誌に載っているような写真のポーズを目指す必要はありません。ヨガをやっている人の中にも、少しずつ難しいポーズができるように日夜頑張っている人がいますが、ヨガの目的はポーズをとることではありません。

「ヨガの八支則」というものがあって、生活の中で守るべき決まり、呼吸法、瞑想などが8つ定められているのですが、ヨガのポーズ（アサナ）はその8つの中の一つに過ぎません。

ヨガは、より良い人生を送るため、そしてサマーディ（仏様の悟りの境地のようなものだと思ってください）に至るためのものであって、難しいポーズを決める、できるようになるというものではありません。

ヨガのアサナは目的ではなく手段の1つにすぎません。難しいポーズができなくてもまったく気にする必要はありません。

身体が硬いことにコンプレックスを持ったり、開脚ができないからとそればかり練習したり、決められたポーズができるようになりたいと無理をすれば怪我をするだけです。

先ほども書いたように、身体の柔軟性は人によってそれぞれです。他の人ができるポーズを自分ができないからといって気にする必要はまったくありません。

ヨガによってリラックスできたり、気持ち良くて楽しい時間が持てる。ヨガへの最初の入り口はそんな形でいいと思います。

他にも誤解はいろいろありますが、ひとまずこのくらいにしておきましょう。

最後に、ヨガのレッスンに行ったことがあるけど、いまひとつだと思った人もいると思います。たとえば男性なら、女性が多くて恥ずかしかった、内容についていけなかった、スタジオの雰囲気に馴染めなかった、などなど。

そういう人は、諦めないで、ぜひいろんなスタジオやクラスを体験してみることをお勧めします。ヨガを続けていくには、インストラクターやヨガスタジオとの相性もとても大事です。自分にあったクラスを見つけてくださいね。

もし、少しでもヨガに興味をお持ちの方は、私のＨＰの中にある「ヨガについてのあれこれ」などもぜひご覧ください。

1　パトリック・マキューン『人生が変わる最高の呼吸法』かんき出版、この書籍には「呼吸量」を減らすことの重要性が書かれています。本の帯には「深呼吸は体に悪い」なんていう刺激的な文字も！

2　同前、口呼吸は「胸式呼吸」にもなりやすいのです。「鼻呼吸」の利点もこの本にはたくさん書いてあるので参考にしてください。

3　同前『人生が変わる最高の呼吸法』より

4　小林弘幸『医者が教える　小林式　お風呂健康法』ダイヤモンド社、P.93～

5　石塚徹『歌う鳥のキモチ』山と渓谷社

6　鴻上尚史『リラックスのレッスン』大和書房

7　龍村修『龍村式　指ヨガ健康法』日貿出版社

8　羽鳥操・松尾哲矢『身体感覚をひらく』岩波ジュニア新書がわかりやすいです。

9　初版は１９６８年と古いですが、ちくま文庫から新しく出ています。

10　飯田茂実『詩集　みくさのみたから皆元のすべ』みたから文庫、にまとめられています。

11 前掲、斉藤孝『身体感覚を取り戻す』日本放送協会
12 浅利慶太『劇団四季メソッド「美しい日本語の話し方」』文春新書
13 徳川夢声『話術』新潮文庫、2018年、P.44〜（初版は1947年）
14 沼尾ひろ子『奇跡　失くした言葉が取り戻せた』講談社、P.218〜
15 『大辞林』三省堂
16 実用日本語表現辞典
17 鴻上尚史『発声と身体のレッスン』白水社、P.105〜、演出家である鴻上さんが、俳優たちの声（歌う声ではない）を良くするためのヒントを書かれています。
18 スティーブン・コヴィー『7つの習慣』キングベアー出版、第7の習慣より
19 仲野広倫『究極の疲れないカラダ』アチーブメント出版、P.208

第5章

応用編
『声』＋『話し方』でここまで変わる！
変えてみよう！

第1章でも書きましたが、祭りの「掛け声」で心がウキウキしたという経験は誰にでもあると思います。スポーツや武道の試合中に選手が発する「声」は、選手自身のパフォーマンスをギリギリまで高めるだけでなく、観客の興奮を呼びます。それに加えて、会場内に飛び交う観客の「声」によって、その場が一体化し、嫌が応にも興奮が高まり、盛り上がっていきます。

演劇、落語、講談などは、話の筋の面白さもさりながら、演者の発する「声」によって、聴衆はその作品の世界に引き込まれていきます。

歌舞伎などの古典芸能における丁々発止のやり取りは、演者双方の「声」によるエネルギーのぶつかり合いが観客を魅了します。

「声」によって、その場を支配することができるのです。

良い「話し方」、「言葉」に加え、いかにその場に合った「声」で、聞いている人に訴えかけることができるのかを考えてみたいと思います。

エネルギーに満ち溢れた声で聴衆を圧倒するのか、落ち着いた声で沈静化させ話し手の信頼度を高めるのか、ある方向性に向かって聞き手を導いていくのか。

情報を伝達する、自分の思いを聞いてもらう、人々を先導する。また、笑わせる、涙を誘う、説得する、喧嘩する、愚痴をこぼす、などなど、さまざまな目的で人は語るわけですが、良きにつけ悪しきにつけ、そこには「声」が重要なファクターになっています。

この章では、従来は「話し方」という範疇で括られてきたものの中に、「声」を意識することの重要性が隠されていること、そして「声」を意識し、もっと「声」がもたらす効果を突き詰めていくことで、パフォーマンスが上がっていくということを書きたいと思います。

➤聴衆を魅了する、スピーチ

「第一声」に意識を集中すること、まずこれを挙げたいと思います。

たとえ、なんかショボいやつが入ってきたな、などという否定的な印象があったとしても「声」であっさりくつがえります。「声」にパワーがあれば、第一印象は簡単にくつがえすことができるのです。

「一体こいつはどんなやつなんだろう？」と、聴衆が考えているなと思ったら、しっかり「響く声」を出してください、あなたの存在感が一気に増します。

少々ざわついた雰囲気を「緊張感のある声」で引き締める。不安でピリピリとした雰囲気であれば「落ち着いた声」を出して安心感を醸し出す。みんなが息を詰めて見守っているなら、わざと「リラックスした声」を出して、その場を和ませる。

「え〜、みなさん、こんにちは」、このような、人前でスピーチをする際の「第一声」を私はとても大事にしています。どんな「声」を発するか、その場の雰囲気を感じて選んでいます。

もしよかったら、たとえば先ほど挙げた３つの「声」、「緊張感のある声」「落ち着いた声」「リラックスした声」で、最初の挨拶ができるかどうか一度試してみてください。使い分けられましたか？

最初に聴衆の心をつかむことに成功すると、それはかなりの確率で最後まで続きます。

「ちょっとこの人の話を聞いてみることにしようかな」と思った人たちと、「なんか違和感があるな」、「大丈夫かな？この人」と感じた人たちでは、聞く姿勢も違ってきます。話の内容の伝わり方が違ってくるのです。アメリカで行われた実験では、人は、話し手の最初の数秒の「語り」を聞いただけで、その話し手が信頼できる人間か否かを判断しているそうです。大学生対象の実験でも、信頼できる先生かどうかを、学生は話し始めの「声」を聞いただけで判断しているそうです。

「正しい発声とは、あなたの感情やイメージがちゃんと表現できる声を手に入れること」と鴻上尚史さんも書いています[1]。

その場の雰囲気を感じ取り、かつ、何を目的としたスピーチなのか、どんな人たちが来ているのか、などをきちんと把握した上で、そして「第一声」に意識を集中してください。

ただ、緊張のあまり、そして意識しすぎるあまりに、声が裏返ることがあるかもしれません。よくあるパターンです。もしそうなったら、すかさず自虐ネタにして笑いを取ってください。

もしくは、「え〜と、大事なスピーチほど声が裏返ってしまうというジンクスが私にはあるんです、大変失礼しました。でも、そういうときは必ずいい形で終われるというジンクスでもあるんです。頑張ります！」などとフォローしてみてください。

ちなみに、歌の場合でも、歌い出しの「第一声」から観客を魅了するのがプロ。最初は緊張し上ずってしまってふわふわした声で、でもだんだんリラックスできて修正していくのがアマチュアという印象があります。

慣れないとなかなかコツがつかめないかもしれませんが、「第一声」によって、「つかみはＯＫ」というところまでいけるといいですね。

人は、話の内容や言葉を選ぶときには時間をかけて準備し、吟味しますが、「声」は無意識に発していることが多いので、なかなか自分では、何が良くて何が悪いのかがわかりにくいのです。そしてそういう状況では改善点も見えてきません。

「話術の神様」と言われた徳川夢声さんが残した〈話し方〉の教科書、「話術」に以下のような記述があります[2]。

A. ハナシはだれでもできる。
B. だれでもできるから、研究をしない。
C. だれでもできるから、実は大変難しいものである。

ハナシのところを「声を出す」、と言い換えてもいいと思います。誰でもできるから、ちゃんと勉強しよう、意識してみようとしないし、だから実は難しいのです。これは私がこの本を書いた理由のひとつでもあります。

では、聴衆を魅了するための実践的な「声の出し方」を、まず音声学の理論から具体的におさらいしてみましょう。第3章「声のメカニズム」でご紹介した「プロソディ」を覚えていますか？

はい、テストではないので、すぐさま「プロソディ」が何かを答えられなくても大丈夫です。「プロソディ（韻律）」というのは、簡単に言えば、「言葉の抑揚」や「間」、「声の大小、高低」、「話すスピード」といった、いわゆる、発話するときの「声の出し方」のさまざまな「特徴」のことです。

この「プロソディ」をきちんと意識することで、聴衆を魅了する「声の出し方」が少しずつ見えてきます。

第3章では、「プロソディ」に関して次の4つを説明しました[3]。

アクセント、イントネーション、プロミネンス、ポーズ。

アクセントは、「（地方ごとに違いはあるものの）語に固有の、拍ごとの高低の差であり、意味の違い、文の構成に関連するもの」なので、「聴衆を魅了する声の出し方」に関しては、あまり大きな影響はありません。（プロソディというカテゴリーに入れるべきかにも議論があります）しかし、次の「イントネーション」はとても大事です。

「イントネーション」とは、語句や文の発話の際の抑揚であり、「音調」とも言います。

「イントネーション」によって、たとえば、疑問、断定、感慨深い、興奮している、興味がない、荘厳に、涙を誘うように、楽しそうに、などなど、実にさまざまな感情を表現することができます。

そして、イントネーションが変われば、表現する意味合いも違ってきます。実感として、みなさんもなんとなくわかっているとは思いますが、少々例を挙げて説明しておきます。

「そうなんだ」という言葉を、試しに以下のように、いくつかイントネーションを変えて発話してみましょう。

「そうなんだ〜」、最後の伸ばすところを下降しながら発話すると、落胆したり、納得しているといったように聞こえます。

「そうなんだ」、最後の「だ」の部分を伸ばさずに強く言い切ると、断定したり、自分に言い聞かせている、自分を奮い立たせているといった感じがします。

「そうなんだ〜」、語尾を上昇させて発話すると「疑問形」になります。また、自分が不信感を感じているとか、果ては難癖をつけているような言い方にもなります。

「そうなんだ〜」、最後を力を抜いてただ平坦に伸ばしてみてください。きっと「おい！聞いてんのかよ！」って怒られると思います。

「そうなんだ」全体を、テンションを上げて発話するとどうでしょう？反対に全体をテンション低くダラダラと発話するとどんな感じになりますか？

いかがでしょう？

第1章でも書いたように、「声」によってさまざまなことが露わになります。イントネーションはそこに重要な役割を果たしています。

第4章「トレーニング」で紹介しましたが、自分の思いを「声」に乗せることを普段意識しながら発話しているでしょうか？（無意識に思いは乗っています、意識的に乗せているか、です）

もし、そんな「声」を出せているかいまひとつ自信がない、確信が持てない。もしくはどうやればいいかわからないということでしたら、以下のことをヒントにしてください。

あなたはどんな「声」を聞いたら、その人が興奮していると感じるでしょう？どんな「声」なら怒っていると感じますか？どんな「声」なら悲しみに溢れていると思いますか？想像してみてください。

そして、自分でもそんな「声」を出す練習をしてみてください。

その反対もあります。感情を押し殺した声で淡々と語る。こういう声の出し方が効果的な場合もあります。たとえば、聴衆と自分が「怒り」や「悲しみ」を、まさにそのとき「共有している」という実感があるなら、ことさらに自分の感情を「声」に乗せなくても、「感情を込めない声」の方が効果的に響くこともあります。

人間の耳というのは「音」に関してとても敏感です。昔は「音」を感じ取れなければ生死に関わったのです。決して大げさな話ではありません。人類がまだ現代のように便利な道具や強固な共同体を作っていない時代、捕食者（人間を襲う動物）が近寄ってくるのに気づかなければ即、死が待っています。

虫の声や鳥のさえずりが聞こえているときは、そういった危険がない状態です。その他にも気候の変化や天変地異、種々の危険に気づくなど、「音」に敏感な人類の種が生き残ってきたとも言えるでしょう。

さらに、人類が集団で住むようになり、共同作業（分業）を確立し、コミュニティを形成していく過程で、人は、他の人の「声」のほんの少しの「揺らぎ」、変化を敏感に感じ取るようになっています。

そういった「声」、口調の変化を感じ取れなければ、コミュニティの円滑な運営に支障をきたすことがあるからです。プレゼンテーションのために必要な知識、スキルは後述しますが、その中にも「より感情に訴えた方が勝てる[4]」という鉄則があります。人は理性より感情に動かされます。

もちろん、「役者」になるわけではないので、誰もが感情を揺さぶられるような特別な「声」を出せるようになるまで特訓する必要はありません。なんとなくでもいいのです。

さまざまなイントネーションで、その違いで、人は話し手の思いを「皮膚感覚」で感じ取るのだということを覚えておいていただければと思います。

話し手の思いは「声」で具現化するのです。ぜひイントネーションに意識を向けてください。

次に、「プロミネンス」もとても重要です。

「プロミネンス」とは、発話文の中の「ある部分」を際立たせることであるとして、第3章で以下のように解説しました。

話し手がより強調したいことに焦点を当て、イントネーションを変えたり、またはその前にポーズ（間）を置く、声の強弱を変える、話すスピードなどを変えるなど、いろいろな手法でその部分を「際立たせる」ことで、聞き手はそこに「プロミネンスが置かれている」、ここは話し手が強調したいことなのだ、と聞きます。（よかったら、第3章のプロミネンスの記述をもう一度読んでみてください）

あなたは聴衆に何を訴えたいのでしょう？

その一番訴えたい部分、聞いてほしい箇所を意識して際立たせるような「声」を出していますか？

緊張のあまり、原稿を読み上げるように、ずっと平板な語り口で話していませんか？

まずはあなたが訴えたいこと、わかってほしいところに、焦点を当てましょう。もし前もって準備ができるなら、原稿作成の段階で、そこにマーカーを加えてください。ここで口調を変えるのだ、と。
そして「プロミネンス」の実現のために、以下のことに留意して「声」を出してみてください。

・**声量（声の大小、強弱）：**

際立たせたいところで「大きな声」になるのは一つのやり方ですが、反対に、一番聞いてほしいところを「小さな声」にしてみませんか？

みんなが「何だろう？」って聞き耳を立てるくらいにそこだけ小さな声で話すのです。その部分が際立つことは間違いありません。さらに、聞いている人たちが、「今、何て言ったんですか？よく聞き取れなかったんですけど」といった顔をしたら、しめたものです。

もう一度ゆっくり繰り返してください。自分が一番言いたかったことを、聴衆が集中して耳を傾けるという絶好の舞台がそこに出現します。もし聴衆がざわざわと話に集中していない状況でも、「私が一番言いたいのは次のことです」という前置きを大きな声で、そして言いたいことを小さな声で言えば、そこに変化がついて、さらに聴衆が聞き取ろうと耳をすますので、一瞬で静かな会場が出現するかもしれません。

聴衆が、私語その他であまり静かではないので、それを上回る声量、声の大きさで話し続けるのはあまりお勧めできません。あなたの「声」自体が騒音になってしまって聞いてもらえなくなる可能性があります。

聴衆の私語を上回る声量で話し続けると、ひょっとしたら、聴衆の私語はあなたの声の大きさをもっと超える「うるささ」になる可能性もあります。「声の大小、強弱」は、意図を持って変化させることが大事です。

・　スピード：

話す速さもプロミネンスの実現に影響します。強調したいところでわざとゆっくりと、一字一句を区切るくらいにゆっくり発話すれば、聴衆の頭の中に刻み込まれるでしょう。

またはゆっくり話している途中に、そこだけ速く話す箇所があれば、とても際立ちます。

ちなみに、みなさんは自分の喋るスピードを把握していますか？

もし把握していないのなら、動画を撮ってもらうといいと思います。人は、自分で思っているより「早口」です。そして困ったことに、人は緊張すればするほど「早口」になってしまうのです。

スピーチが苦手なので徹底的に原稿を暗記した。もう原稿を見なくても話せる。そんな状態に極度の緊張が加わると、もう何を話しているか聞き取れないくらいに早口になってしまう人もいます。

よく、「1分間に300文字」などということが言われますが、あまり数字を気にする必要はありません。

要は、撮ってもらった動画の中のあなたの話すスピードを、あなた自身がどう思うか、です。きっと自分の予想とは違った印象を持つと思います。

「思ったより早いな」と感じる人もいれば、反対に、つっかえつっかえ、「え〜と」とか「う〜む」などの「フィラー（言い淀み）」がやたら多くて、なかなか結論までたどり着かない。早口どころか、とても遅いと感じる人もいるかもしれません。もちろん、信頼の置ける人に、アドバイスをもらうのもいいでしょう。

実は、この話す全体のスピードも、スピーチの目的、リスナーはどんな人たちかによって意識的に変える必要があると思います。

話す内容に関して、聴衆の持つ知識のレベルも高く、そしてあなたはそれ以上の情報を提供するという場であれば、早口でたくさんの情報を詰め込んだ方が聞いてもらえる可能性は高いです。

このような場でゆっくり話すと「それはわかったよ、結局、言いたいことは何なんだよ」などと聞いている人が焦れてしまうことがあります。聴衆がフラストレーションをためることのないよう気をつけたいものです。

そしてこの反対はもうお分かりかと思います。聴衆が初心者である、もしくはまったく予備知識のない人たちに何かしら手ほどきをしたり、理解を促す状況であれば、（専門用語だらけで）早口なスピーカーに対して、聴衆はフラストレーションの塊になってしまいます。

・　声の高低：

テレビではお馴染みの「ジャパネットたかた」の創業者である高田さんの声を聞いたことがある人は多いと思います（最近では、他の人が同じような口調で話しているようですが）。

実は、「男性の低く渋い声」ばかりが「良い声」というわけではありません。あの高田さんの「甲高い声」は、耳にした人が思わず人が振り向いてしまうという要素を持ち、「なんだなんだ？」と興味をそそられる「声」でもあります。

「良い声」の基準は、話す目的に応じて変わるのです。

高田さんの（インタビューなどの）普段の声は、あんなに高くありません。ご自分でもあの「高い声」は商売用だとおっしゃっています。

実は、「甲高い声」ばかりではなく、「普通の声の高さ」と「高い声」を使い分けているのです。

話のポイント（ここでは売り込みたい商品とその特徴）、強調したいところへ向けて徐々に「高い声」になっていくことで、視聴者の心を高揚させ、そして「そうだ！」と視聴者が納得するところまで最終的に持っていくパワーがあります。

その反対の「低い声」は、信頼感を増し、説得力があり、いつまでも聞いていたい「声」です。インパクトはないかもしれませんが、人を心地よくさせます。

「心地よく」の反対が「赤ちゃんの声の高さ」ですね。赤ちゃんの声にイライラさせられる人も多いと思います。お母さんは本当に大変だと思いますが、あの声は、科学的に見ると赤ちゃんの生き残るための戦略なのです。

赤ちゃんの「泣き声」を聞くと、何かしないといけないという切羽詰まった気持ちになります。赤ちゃんの甲高い「泣き声」を聞いて、心地よいからしばらくそのまま聞いていよう、放っておこうという人は少ないと思います。

ちなみに、もうひとつの赤ちゃんの戦略は「笑顔」です。赤ちゃんににっこり微笑まれたら、誰しもまた何か喜ぶことをしてあげようと思うでしょう。

さて「女性の声」の高低に関しては、幼い頃は高く、年をとるにつれてだんだん低くなるのですが、日本の女性は「若く見られたい」という意識が強いせいか、無理をして「高い声」を出す傾向にあります。これは喉に少々負担をかけるので、できればやめたほうがいいと思います。

女性でも、「低く落ち着いた声」は信頼感を増します。

「いや、注目を浴びたい」ということであれば「甲高い声」のほうがいいかもしれませんが、いわゆる「キンキン声」になってしまっては、聴衆を魅了するどころか、疎んじられてしまうでしょう。

ただ、全般的に言えば、女性のほうが男性よりコミュニケーション能力が高いので、比較的少数で狭いコミュニティの中では、意識せずとも、声の高低のみならず、さまざまに「声」を使い分けている人が多いと思われます。特に男性と二人のときなどは…。

・ポーズ：

そして最後に、話の途中の「ポーズ」、いわゆる「休止」「間（ま）」は、プロミネンスの実現にも、人の心を揺さぶるのにもすこぶる効果的です。

大事なことを話す直前、「間」をとることはとても重要です。話が途切れ、空白ができることで、注目を集め、聴衆に「これからこの人は何を言い出すのだろう？」という期待感を持たせることができます。（不信感かもしれませんが、それでもいいのです、注目を浴びます）

面白いもので、話が続いて「声」が聞こえている間は、気持ちよさそうに眠っていた人が、話が途切れた瞬間、「何が起こったんだろう？」と目をさますということもあります。

一番聞いてほしいことを言う直前、空白を作って、ゆっくりと聴衆を見渡してください。聴衆の視線が集まるのを感じると思います。下を向いていた人も顔を上げます。そこからおもむろに話し出せばいいのです。

また、「間」と言えば「落語」や「漫談」など話芸には欠かせません。個人的な話で申し訳ありませんが、私はサンドイッチマンが大好きで、富澤のシュールなボケに対して、伊達の絶妙の「間」（タイミングと言ってもいいでしょう）のツッコミを楽しんでいます。気分が落ち込んだときは、彼らのお笑いに救われています。

そういった単なる空白の時間ではない「間」について、前述の徳川夢声さんの『話術』には、「間」というのは単なる「合間」ではないとして、以下のように書かれています。

ただ生理的に無神経に、言葉と言葉との区切れをつけるのでなく、張りつめた神経を鋭敏に動かして、レーダーの如く、正確無比に適不適を計るところの「沈黙の時間」なのです。[5]

さらに、

ハナシに限らず、芸術と名のつくものには、音楽はもとより、美術、彫刻、文学、演劇、みな「マ」が、重要な位置を占めています。目立たない、目に見えない重要な位置をです。[6]

「マ」とは、「沈黙」ではなく、虚実のバランスだと徳川夢声は言います。「マ」を考えるとき、話している間の表情動作すべてにわたるバランスのことまで考えないといけないと説きます。「話術」とは「マ術」であるとまで書いています。

ポーズ、「間」を意識して実現させ、表現力をつけたいものです。

以上、「プロソディ」を中心に解説してきましたが、これは何も人前でスピーチするときだけに応用できるテクニックではありません。これから書く「営業トーク」や、普段の会話にぜひ使ってみてください。

➤ ビジネスにおける発声、営業トーク

ここでは、仕事上でのさまざまな場面で発する「声」、特に「気をつけたい声」について、さらに「営業トーク」について書いてみたいと思います。たとえば、第2章でも書きましたが、

- 朝晩の職場での挨拶の「声」
- 電話などで顧客と対応する「声」

・初対面の方との挨拶の「声」
・アイスブレイクのときの「声」
・上司と接するときの「声」
・部下と接するときの「声」
・同僚、仕事仲間と話すときの「声」
・叱るとき・褒めるときの「声」
・会議における発言の「声」
・クライアントの前でプレゼンする「声」

第2章でも書きましたが、これらは全部「同じ声」でいいのでしょうか？

ただ違うというのではなく、明確な意図を持ってその場面に最適な「発声」をしているでしょうか？

以下は、それぞれケースバイケースであり、必ずしも以下の「声」がベストであるかどうかは異論もあると思いますが、ひとまずは一般論として、どのような「発声」が望ましいか、私なりの主観ではありますが、アドバイスを列挙しますので参考にしてください。

・朝晩の職場での挨拶の「声」

朝は明るく、元気いっぱいの「声」で、テンションを上げて1日を始めたいですね。それには、第4章でお話ししたように、母音をはっきり、口をちゃんとその母音の形にすることが大切です。

朝は自分で思っているより口が動いていません。そして「明るい声」を出すことによって、自分にギアを入れて仕事に臨みましょう。退社時は、朝よりはトーンは低めでも、あまりにも低すぎると、あなたが帰った後の雰囲気が暗くなります。ソフトに、でも「通る声」で挨拶して退社したいものです。

・電話などで顧客と対応する「声」

ここではハキハキと、歯切れの良い「声」、さらに「滑舌」を意識して聞き取りやすいはっきりとした「声」を、意識して出すようにしないといけません。

電話で、目の前の人と話すように「普段の声」で発声すると、聞き取りにくく、相手から聞き返されることが多いはずです。

また、電話では表情や動作は見えないので、電話の向こうの人は「声」に関してとても鋭敏になっていることをお忘れなく。

電話では見えないと思って、ふんぞり返って謝罪の言葉を述べても何かしら伝わるものはあるようです。ぜひ一度、だらしない格好をして「真摯に謝罪」できるかどうか試してください。なかなか難しいです。

・初対面の方との挨拶の「声」

初対面の人には、どういう「声」をかけるべきでしょう?どういう関係か、何を目的として会ったのか、それぞれ違うでしょうが、いきなり明るいトーンや、ハキハキした「声」ではなく、少々控えめに抑えた「声」でまずは様子を見るのではないでしょうか?

この本で何度も書いていますが、第一印象が決まる大きな要因は「声」です。相手にどのような「印象」を与えたいか、どのような人だと思ってもらいたいか、そのことを前もって考え、「声」によって、それなりに自分を演出したいものです。

・　**アイスブレイクのときの「声」**

その場にいるグループの成員同士が打ち解け、話をしやすくするのが第一目標です。高いトーンで、ひょうきんな「声」を出して道化役を買って出ることもあると思います。格好をつけるより、「笑ってもらってナンボ」ということで、場を和ませる「テンション高めの、明るい声」が良いかもしれません。

・　**上司と接するときの「声」**

ここで「リラックスした声」や「低く渋い声」を出す人はあまりいないと思います。上司と接するときは、「低い声」で自分の方が立場が上であることを示す必要はまったくありません。「テキパキと簡潔な声」、しかし相手への尊敬の念をにじませるといった、なかなか気を使う「難しい声」です。

・　**部下と接するときの「声」**

ここでは先ほどと反対に、自分の方が立場が上であり、威厳を保つためにも「低い声」で接しましょう。部下に向かって「高い声」を発するのは「叱責する」ときだけです。部下に対して、興奮しながら「高い声」を出していないでしょうか？　それでは部下からの信頼を少しずつ損なうことになります。落ち着いて的確な指示を出したいものです[7]。

・　**同僚、仕事仲間と話すときの「声」**

これはどんな「声」でもいいと思われますが、他の場面とは違う「声」が出ているはずです。

・　叱るとき・褒めるときの「声」

先ほど、叱責するときに「高い声」と書きましたが、本当は「叱る」よりは、「低い声」で、何がいけないのか、何がよくなかったのかを諄々とわかるように説くことの方が有効です。

後述しますが、「大声で叱る」という行為は、怒られている人が何も理解できず、ただ剣幕に恐れをなし、ひたすら「はい」と答えるという行為を誘発します。

いわゆる、「わかったのか～！」「はいっ！」という「脊髄反射的」な応答で、本質的なところを理解して返事をしたわけではないので、結局同じ間違いをしてしまうことが往々にしてあります。

「叱る」という行為は、叱る人のストレス発散であり、有無を言わさず「はい」と言わせる、とても安易なコミュニケーションの「手段」なのだと認識したほうがいいと思います。

さて、褒めるときはどうでしょう? 抑えきれない喜びや、賞賛の念を、その「声」に乗せているでしょうか?「あなたは素晴らしい！」という思いがにじみ出ているでしょうか?

でも「大きな明るい声」で褒められると照れくさいので、抑えた声で、しかし「思い」を込めて褒めてあげてください。

・　会議における発言の「声」、クライアントの前でプレゼンする「声」

こういう場面での「声」は特に重要ですね。緊張する場面で、「自信に満ちた声」が出るでしょうか?「自信なさげな声」では、いくら発言やプレゼンの内容が充実していても、割り引いて受け取られてしまいます。

一語一句をはっきりと、そしてどうしても上へ上へと上がりそうな意識（私はこれを「頭でっかちになる」といつも表現していますが）を抑えて下腹に力を込めて「堂々とした声」が出せるように練習してください。

他にも、実社会のビジネスにおいてはさまざまな場面があると思いますが、みなさんはいくつのパターンの「声」を使い分けているでしょうか？

そしてここで、「要は、そういう声を出せればいいんだな、どれも当たり前のように思うけど」といった感想で終わらないでください。実際にその場面で出せるかどうかがポイントなのです。

次に、「営業」で気をつけるべき「発声」ということで少し書いてみます。

最近よくネット上や話し方教室などで言われているのが、「ソ」の音で挨拶してみよう、第一声を「ソ」の音がから始めようというものです。いわゆる音楽で言う「ドレミファソ」の「ソ」です。

これは確かに「明るい」印象を残します。

「暗い」「沈鬱」といったイメージよりは、「明るい」「ほがらか」という印象を与えた方が良いのは言うまでもありませんが、どんな声の「トーン」がいいのかというところに客観的、物理的な基準を当てはめたところがポイントです。

ぜひみなさんもキーボードの前で「ソ」の音を鳴らして「声を合わせて」みてください。スマホであればキーボードの音が鳴らせるアプリがあります。早速入れておきましょう。ちなみに、私が使っているのは「Live Piano」というアプリです。

また、人が営業マンを信頼するのは、その人の「声」や「話し方」、加えて「表情」や「仕草」で人間性を判断し、信頼に足るかどうかを決めることが多いと言います。

営業マンにとって「声」はとても重要なファクターです。

だからと言って「響く良い声」を営業マンが備えていなければいけないというわけではありません。顧客が営業マンの品定めをする際に「無意識に」営業マンの「声」で判断することが多いので気をつけた方がいいということです。

当該商品に関する知識のなさや、約束を守らないなどは論外ですが、客がその営業マンから何かを買うのは、商品の値段や機能の良し悪しではなく（そういったものはカタログその他で確認できます）、その営業マンを信頼できるかどうかが大きいです。

「早口」、「高い声」は、いまひとつ信頼度が低いイメージがあります。

低い声で、ゆっくり話す方が、信頼度が増します。

「立て板に水」という流暢な話し方より、「朴訥な話し方」が、人柄が見えて好印象という場合も多いです。

自分のキャラを踏まえて、どんな「声」でお客さんと接すれば、その場の雰囲気を良いものにできるか考えてみてください。

カップルに、なぜこのパートナーを選んだのかという質問をした際に、しばしば出る回答が「なぜかこの人といると落ち着けるから」というのがあります。

営業マンも「売る」という行為より、「この人なら安心して任せられる」という雰囲気を醸し出す方が良い結果が出る場合もあるでしょう。

そういった雰囲気を実現させる手段として、ぜひ「声」のことを考えてみてください。

先ほど、ジャパネットたかたの社長の「高い声」の話をしましたが、あれはテレビの前の視聴者に呼びかけ、注意を促し、興奮を高める「声」です。

目の前のお客さんを興奮させるような、たとえばスーパーなどでの実演販売にはいいかもしれませんが、膝詰めで商品の説明をする営業マンにはいまひとつ向いているとは言えません。

営業トークをしている最中に、説明に夢中になって、話すスピードが速くなっていないか、一生懸命喋るあまりにテンションが高まって、それと同時に「高い声」になっていないか、チェックした方がいいかもしれません。そういう状況を自覚できたら、また少々低めの声でゆったりした口調に戻すように心がけるだけで、あなたの印象は劇的に変わります。

そして、もし可能であれば、意識して低めの声でゆっくり話すときと、テンション高めで早口で感情のままに話すときの両方を、動画（もしくはボイスメモ）に撮ってみることをお勧めします。必ず、「ここで間を取ればよかったな」とか「ここで一旦声のトーンを落としたらもっと話に引き込めたのに」といったことが客観的にわかると思います。さらに、営業トークにおいては「自分の声」を意識するだけでは片手落ちです。「顧客の声」で、顧客の感情を知る、そして情報を得ることが大切です。

顧客の感情、心の動きを「声」によって推しはかり、そして、それに「合わせる」のです。

まず顧客と「テンション」を合わせます。お客さんが喜べば喜ぶ。嘆くときは一緒に嘆く。「興奮」や「鎮静」など、テンションを合わせると気持ちがシンクロして共感を得られます。その合わせる作業にとても有効なのが「声」を合わせることなのです。同じようなテンションの「声」を出すことができれば簡単に気持ちを合わせることができます。

そして「リズム」も合わせます。お客さんがゆったりしたテンポで話しているのに、お客さんの誤解を解いたり、早く説明がしたいばかりに早口になったりするのではなく、同じリズムで「声」が出せるといいと思います。

合いの手、もしくは「共感の声」や「賞賛・賛嘆の声」、「ちょっと待ってください」といった言葉なども、相手のブレス、息継ぎのタイミングを見計らってさりげなく入れましょう。相手の話を遮るのはもってのほかです。

お客さんの口調、話すスピード・癖などを把握した上で、的確な相槌を打つことも重要です。それにはお客さんの「声」をじっくり聞き、「発声」を観察しなければいけません。

お互いに同じ思いを抱いているときには、「了解です！」「わかりました！」と「ハキハキした声」で、素早く答えるのは悪くありませんが、少し思いがずれてきているなというときには、「ゆったりとした声」で、「そうですね」といったん相手の話を肯定し、ワンクッション置くなどが有効です。

そしてときには「声」を合わせてみましょう。会話の途中で、思いが重なって、思わず同時に発話してハモってしまった経験はありませんか？

思わずシンクロしてしまったときに、人はその相手に深い共感を覚えます。

「声を合わせる」ことで、「この人となら話が合う」「この人なら自分の思いをわかってくれる」そういった印象を与えることができます。

実はこの辺りのところは、トップ営業マンと言われる方々ならもう無意識にやっていることかもしれません。誰に教えられたわけでもないのに、勘所を押さえている人が多いと思います。

人気のあるセミナー講師もそうです。こういう「声」を出したら聴衆がこんな風に反応した、そういった体験を積み重ねることによって、自在に自分の「声」を操れるようになった、だから人気講師になっているとも言えます。

さて、「営業トーク」に関して、最後に一言。

営業は「話す」のではなく「聞く」ことが一番とはよく言われることです。

相手の話を聞くのが9割で、自分の話をするのは1割でいい。これが営業トークの極意である、そういった内容の本も出ています。

しかし、聞くことにも「声」が必要なのです。大切なのです。

相手の話を聞くときに、黙って相槌だけでいいのでしょうか？

たとえば、「はい」「なるほど」「そうですね」「確かに」、こういった受け答えをしながら、相手の話を拝聴することも多いと思います。

つまり、「聞く」という行為にも、どういう「声」を出すかが重要なポイントになってくるのです。

「聞く」という行為の間に、「おっしゃっているのは、こういうことですよね」などといった「まとめ」を入れて、「ちゃんとあなたの話を聞いていますよ」というデモンストレーションをすることもあるでしょう。

どういう「声」で合いの手を入れるかによって、ちゃんと話を聞いている、という真剣さが相手にも伝わります。

営業トークにおける「声」、少し違った角度から見直してみるといいかもしれません。

➤ プレゼンテーション

前述したように、資料や準備が完璧であっても「話し方」、「声の出し方」に難があると、プレゼンテーションはうまく聞き手の心を揺さぶりません。しかし、スピーチとは違い、プレゼンテーションには、ビジネスライクで明確な目的があり、成果も「具体的に」（企画が通るか通らないか、契約が取れるかどうかなど）期待されるので、慣れない人にはかなりタフなものになります。

聞き手の態度も、好意的な場合もあるものの、たいていは批判に満ちた目や、いい加減な内容では許さないぞ、といった雰囲気に包まれて、独特の緊張感があります。なかなかいい「話し方」で、いい「声」でやれるとは限りません。

では、どちらかというと議論やディベートに慣れていなくて「話し下手」な日本人より、プレゼンテーション先進国のアメリカならみんなうまくプレゼンができているかというと、実はそうでもないようです。

プレゼンテーション・アドバイザーとして活躍中の澤円さんは、こう述べています[8]。

「日本人は人前で話すのが苦手」「日本人はプレゼンのトレーニングを受けていないからうまくできない」といった話をよく聞きます。では、海外の人たちはどうなのでしょうか。

アメリカのチャップマン大学が2014年に行った「アメリカ人が恐れるもの」を尋ねた調査によると、「恐怖症」の2位が「高所恐怖症」、そして1位になったのがなんと「人前で話すこと」でした。プレゼン王国という印象のあるアメリカですが、プレゼン恐怖症になるほど苦手に感じている人が意外にもたくさんいるのです。

みんな緊張するんです。これを読んでいるあなただけではありません。

大丈夫です。

ですから、プレゼン先進国のアメリカでは、プレゼンテーションをうまくやるために必要なテクニックなどを解説する、数多くの書籍や論文が書かれています。いくつか紹介したいと思います。

アメリカの経営学の実務的な論文が読めるとして、日本でもビジネスパースンに人気の高い『ハーバード・ビジネス・レビュー[9]』の中にも、プレゼンテーションに関する論文はたくさん出てきます。

たとえば、ハーバード大学デザイン大学院エグゼクティブ教育学部講師である、カーマイン・ガロの論文「もっと魅力的なプレゼンをする5つのヒント[10]」の、（3）において「優れたプレゼンターは、声を使い分けて情報伝達力を増幅させる」としています。当該記事よりその部分を引用してみます。

ペンシルバニア大学ウォートン・スクールのマーケティング教授、ジョーナー・バーガーの最新の研究によると、話すペースや声の高さ、大きさを変える話し手のほうが、聞き手の印象に強く残るという。

つまりこの研究によれば、説得力のある人は、声の調子を変えることでみずからの主張に自信があるように見せているという。たとえば、カギとなるメッセージを強調する際には声のトーンを上げ、重要なポイントを口にした後に間を入れる。重要なメッセージを伝える際に声の大きさやトーンを上げたり下げたりすると、プレゼンの伝達力は強まり、説得力や威厳が増すというわけだ。

「聴衆に好意的な印象を与える上で、声の力をみくびってはいけない」

いかがでしょう?実証的な研究においても「声の力」は大きなものだとされています。ちなみに他の4つは以下の通りです。

（1）優れたプレゼンターは、使うスライドの枚数が少なく、言葉数も少ない。
優れた書き手や話し手は優れた編集者でもあるということですね。不要なものは可能な限り削るのが鉄則です。

（2）優れたプレゼンターは、箇条書きを使わない。
たとえば、傑出したプレゼンターであったスティーブ・ジョブズは、文章や箇条書きのスライドを滅多に使わなかったそうです。写真や画像で伝達される情報は「画像優位性効果」によって、文字のみより記憶に残るそうです。

（3）優れたプレゼンターは「驚き」の瞬間をつくる。

聴衆は、発表されたスライドの1枚1枚を覚えていない、驚きの瞬間だけ覚えている。つまり感情を揺さぶられる体験を覚えているということですね。

（4）優れたプレゼンターは練習する。

これは、後述したいと思います。実は良い声も「練習あるのみ」なのです。

さらにガロ氏は他の論文[11]の中でも、以下のように述べています。

たとえ資料を完璧に準備しても、あなたの話し方がまずければ、そのプレゼンは失敗に終わるだろう。人は30秒で能力を判断するという研究があるように、聴衆はスピーカーの評価を一瞬で下す。そのため実際には緊張に押し潰されそうでも、人前に立ったら自信と能力がある姿を見せつける必要がある。

その基礎となるのが「ボディランゲージ」と「声のトーン」だというわけです。プレゼンの内容と同じくらい、その伝え方がものをいうとガロ氏は言います。

さらに、先ほどスティーブ・ジョブズの話も出てきましたが、偉大な成功を収めた人や、カリスマと言われる人がプレゼンテーションでも圧倒的な優位に立つのではないかと思いますが、パブリックスピーキングを教える、サラ・ガーシュマンは「カリスマ」より「プレゼンス[12]」であると論文の中で述べます。

そしてその「プレゼンス」を育むために、以下の6つを提言します。

（1）準備をする。聞き手のニーズを中心に話せば聴衆と向き合いやすくなる。
（2）練習を積む。聴衆にメッセージを届ける意識を高める。
（3）目の前のことに意識を集中する。集中を妨げる要素を遠ざける。
（4）聴衆に対してオープンな姿勢をとる。姿勢から聴衆に向き合う。
（5）聴衆をまっすぐ見て、「みなさん」という言葉を含む文で始める。
（6）アイコンタクト、聴衆ひとりひとりにエネルギーを向ける。順番に見る。

これらは、プレゼンに臨む際の「緊張を取る方策」でもあり、良い「話し方」「声の出し方」のためにも、とても大切なものです。

またサラは、他の論文[13]でも、プレゼンの際の「自意識を捨てる3つのステップ」として以下のようにも述べています。上の6つと重なる部分もありますが、もう少し詳しく解説してみたいと思います。

（1）聞き手のことを考えて準備する

話すトピック、テーマのことばかり考えると、細かい内容に入り込んで、自分と周囲との間に壁を作ってしまう。どんな人が、何を求めて集まるのか、聞き手のニーズ、言外のものも含めて、見極め、そのニーズに直接訴えるメッセージを考える、とサラは書きます。

ここで大切なのは、サラが「言外のものも」と書いているところです。たとえば、ある企画をプレゼンする際に、「どれだけいい企画か?」「どんな価値があるか?」を一生懸命プレゼンターは話そうとしますが、実は「で、いくら儲かるんだい?」というクライアントの言外のニーズを見極めていれば、そこに訴えかけられます。聞き手の感情を動かすことができます。

（2）話す直前に脳のスイッチを切り替える

話す直前が最も緊張する。ここで「失敗したらどうしよう？」と脳は告げている。しかし、スイッチを切り替えるのも、まさにこの瞬間であり「このプレゼンに自分は関係ない、大事なのは聞き手の役に立つことだ」と自分に告げる。

自分ではなく、聞き手のことを考える。自分がどうなるか、ではなく聞き手がプレゼンによってどうなるかを考えるということですね。これはかなり気が楽になると思います。これを何度もプレゼンの際に繰り返せば、身体がそう覚えるでしょう。自分のことに精一杯か、相手を思いやるかで「声の出し方」もかなり違ってきます。

（3）話しながらアイコンタクトを取る

集団を相手にしてはいけない。一度に全員を見ようとしてはいけない。会場を見渡してはいけない、とサラは書きます。ひとりひとりと直接アイコンタクトを取ることで緊張が和らぐ、1対1の会話を全員と重ねるつもりで。

特に重要なのは、部屋の奥にいる人、不利な状況に置かれている人たちにこそ思いやりを見せること。思いやりは、充実感ややりがいを感じさせる力がある。これが人前で話す時も同じ力を発揮する。

私も少人数の講座から、大人数の講演でも、必ずひとりひとりとアイコンタクトをとります（もちろん100人以上くらいになると全員は無理ですが）。そして視線を合わせるだけでなく、そのアイコンタクトの

際に、その人が「頷いてくれる」ように語りかけます。（相槌を強要しているようにも見えますけど）

もしアイコンタクトが苦手なら、大きく頷いてくれる人をまず見つけて、最初はその人に視線を合わせて、少しずつ他の人にうつるようにするといいと思います。

また、アイコンタクトとは反対の動作ですが、大事なことを話す直前に、少しだけ目を閉じるのもインパクトがあります。試してみてください。

さらに、部屋の奥にいる人、ここが肝心です。

皆さんは、あまり気乗りのしないプレゼンやセミナーにおいて、プレゼンターやスピーカーの真正面に座るでしょうか？多分、話し手の正面や近くに座るのはプレゼンに好意的か、関心が高い人たちです。ならば、気乗りのしない、最初から話し手と目が合わないような（話が面白くなければ寝られる）場所にいる聞き手と、ぜひアイコンタクトをとり、「声」をかけ、話に引き込むことが大切です。

一番後ろに座っている人にも届く「声」で語るべきです。

「アイコンタクトを取るのは聴衆との間に信頼関係を築く第一歩だ」と前述のガロも書いています。「人が相手の顔を見るとき、最初に手がかりを求める場所は目だ」とも。

みなさん、プレゼンの際に、資料やスライドを見る暇があったら、そこにいる聴衆を見てください。ひょっとしてパワポの画面を見ながら話していませんか？

それでは聞き手にあなたの声は届きません。第４章でやった「ベクトルを定める」のトレーニングを覚えていますか？「声」は、届けたい相手に正対し、その人めがけて発しないと届きません。

あなたの身体はどこを向いていますか？

顔は、身体は聴衆に向けてオープンになっていますか？

机に前かがみになっていませんか？

もしくは、立っていても身体はプロジェクタの方を向き、顔だけをほんの少し聞き手に向けているだけではありませんか？

腕組みをすると他からの情報を受け取りにくくなります。防御の姿勢です。話す人が腕組みをすると自分の中に閉じこもってしまいます。猫背になっていても同じです。下を向くと「声」は遠くまで届きません。

さらに付け加えるならば、「声」は「音」ですから、障害物があったら届きにくくなるというのは実感としてわかっていただけると思います。プレゼンの際、聴衆とあなたの間にひょっとしていろんなものが入っていませんか？

机があり、その上にはパソコンが載っていて、その画面によってあなたの顔が聴衆に見えないようになっていませんか？それでは「声」は届きません。くどいようですが、あなたの「声」は、単なる「音」としては聴衆の耳に聞こえているかもしれませんが、聴衆の心には届いていません。響いていません。

いかがでしょうか？ほんのちょっとしたことで変わります。

会場に先乗りできるようであれば、マイクやアンプの位置を確認しましょう。自分の「声」が届きやすいよう、自分と聴衆との間の障害物は取り除きましょう。それができなければ、話の大事な部分では、聴衆との間に障害物がないところまで出て行って話しましょう。狭い会議室であれば、立ち上がってひとりひとりと視線を合わせ、その人の胸にダイレクトに響かせるつもりで話しましょう。

プレゼンの前に、大きな声を出せる場所を確保しておけるといいですね。「発声練習」しておかないといけません。

たとえばプロの歌い手であれば、直前のリハーサル、もしくは楽屋での声出しは必須です。

私の大好きなテノール歌手、ルチアーノ・パヴァロッティは、コンサートの前の楽屋での声出しがあまりにも大きいので、それが会場まで響き渡り、お客さんはコンサートが始まる前からそれを楽しんでいる、という話を聞いたことがあります。

そこまで大きな声を出さなくてもいいのですが、控室で壁に向かって直前までリハーサルすることも、プレゼンの成功のために必要かもしれません。

プレゼンの準備、成功させるためのハウツー本はたくさんあります。ここではHBRに掲載された論文[14]や、「声」に関する事柄だけにトピックを絞って書きましたので、巻末の参考文献や、世の中にある関連書籍でいろいろ勉強してください。

プレゼンテーションについて記述の最後に、「TEDトーク」に関しても紹介しておきます。

ご存知の方も多いと思いますが、「TED」とは、テクノロジー、エンターテインメント、デザインの頭文字で、その3つの分野から感動や衝撃をもたらすアイデアを世に紹介する素晴らしいプレゼンテーション動画をインターネットで見ることができます。ぜひ見ていただいて、参考にしてください。

それらプレゼンの素晴らしいエッセンスを紹介した本[15]もあります。アメリカの本らしく、懇切丁寧に、良いプレゼン実現のための「マニュアル本」として書かれていますが、最後のアドバイスがとても素敵なので紹介します。

「スピーチの前に思い出そう。聴衆はみんなあなたのプレゼンがうまくいってほしいと思っていることを。[16]」

ね、素敵でしょ！

プレゼンの前にぜひ思い出してくださいね。

➤ さまざまな場面での「発声」「声がけ」

次に、スポーツの場面（教育の場）について書いてみたいと思います。

スポーツにおける「声」の重要性は他の章でも触れましたが、改めて整理すると、自分自身に対して「集中力を高め」「気分を高揚させて」、自身のパフォーマンスをアップさせ、さらに「リズムに乗って」それを持続させるという効果があります。

もちろん他者への声がけも、その人に対して、上記と同じ効果があります。一般に考えられている「励ます」以上に絶大な効果があるのです。

ただ残念なことに、青少年、特に学校の部活動（小中高、大学までも）では、その声がけが形骸化している部分があります。

コーチが、先輩が言うから、仕方なく出している。みんなが出しているから声がけをしているという、ただ漠然と予定調和的な「掛け声」を出しているだけになっている現状があります。特に野球部の声出しなど、様式まで似通っていて、マニュアルでもあるんじゃないかと思うくらいです。

先ほども書いたように、声を出すことは良いことですが、これでは、声の無駄使いというか、パワーの無駄使いです。

そう常々思っていたところ、同じような感想をはっきり語ってくれた記事を見かけました[17]。

東京にある目黒学院高のラグビー部が、テレビ番組の企画で実現した世界のラグビー界の名将であるエディ・ジョーンズ氏の短期レッスンに参加したときのこと、選手の掛け声を聞いたジョーンズ氏が苦笑いで以下のようにつぶやいたそうです。

「あれじゃ、ただ叫んでいるだけだ。金曜の夜の居酒屋みたいだね。声は大きいけど『意味』がない」

日本の部活動では、「声出し」は積極性、協調性の表れとして肯定的に受け止められているが、外国人の視点では、はっきりとした意図や目的があるものには見えない、とエディさんは言ったとのことです。

その記事には、立教大学で指導に当たっている柔道女子元オーストラリア代表のライトナー・カトリン・友海子さんの以下のようなコメントも紹介されていました。

「下級生は技を磨くこと以上に、声を出すことが求められる」そして本人たちに「（声出しの）効果を実感している様子はなかった」と。

「声」を出すことは、本来スポーツや武道の場面ではとても効果があることだったのに、それが形骸化している例だと思います。

私は数年前、愛知県豊田市でのスポーツ関係者を集めたシンポジウムで、スポーツ指導者向け、そしてサッカー教室・バスケットボール教室に参加する子供達に向けての「声のワークショップ」を行いました。

子供達に「声を出しているかな？」と聞くと、ほぼ全員が「出している」と答えましたが、「じゃ、なぜ出さなきゃいけないの？」という質問には答えることができない子がほとんどでした。中には「元気が出るから」と答えた子もいましたが、「出せと言われているから」という回答がほとんどでした。

もちろんその後、声を出すことの大切さ、実際にどう出したら効果的か、また的確な指示をどう出すか、について語りました。

たとえば、そこで小学生にやってもらったワークが以下のようなものです。

腕相撲をしている二人を、素知らぬ顔をして静かに見ている、もしくは関係ない雑談が始まるという状況と、後ろでみんなが大きな声援をする場合の違いを体感してもらいました。

想像していただいただけでもわかりますよね、どちらが力が入ったか、当事者の二人に聞いてみるまでもないのですが、いちおうインタビューしました。

「全然力の入り具合が違った～」と素直に答えてくれて嬉しかったです。

もう少し年かさの中学生には、次のような説明やワークをしました。

① 絶えず大きな声でずっと「あーだこーだ」と後ろから言われている場合と、たまにピンポイントで、近くまで来てもらってはっきり目を見て指示される場合とでは何がどのように違うか。

② 前章のトレーニング「ベルトルを定める」をやってもらい、自分の声が狙った人間に届いているかどうか。たとえばゴールキーパーの声はどれだけ前の選手に届いているのかを確かめてもらう。

他にも、負けているときと、リードしているとき、同じ声でいいのか？ミスしたとき、いいプレーをしたとき、同じ声のかけ方でいいのか？みんなに考えてもらいました。

さらにキャプテンはどんな声をみんなにかけるべきか、また先輩から後輩には、その反対は？

ここでのポイントは、「こう出せ」という指導ではありません。どう出したらいいのかを選手自身に考えてもらうことです。

特にサッカー選手のワークでわかったのは、それぞれのポジションで出す指示や声がけが大事なことは個々の選手はわかっているのですが、いつどうやってどのような声を出すかの具体的な指導はほとんどなく、勘でやっている、つまりは適当に出しているという状態です。

そしてその後、その子どもたちへのワークショップの結果を踏まえて、指導者の方々に問題提起し、さらにスポーツにおける「声出し」の利点や効果に関して解説をしました。

どう指導したらいいのかについて私なりの意見を出し、解説し、かつ、参加者のみなさんにも考えてもらいました。

『そんなことよりテクニックをどう教えるか、どうしたら勝てるかを指導するのに忙しいんだ』という顔をしていらっしゃる方もいたようですが、「声を出す」こともひとつのスキルであり、効果的な「声」を出すことの有用性は、大半の方々にわかっていただけたと思っています。

どのように指示を出すのかに関しては、それぞれのスポーツや状況に応じてさまざまであり、「声」そのものの話ではないので、ここに具体的に詳述はできませんが、「声を出すこと」の有用性を理解することと、選手が自主的に考えて「声」を出すようにすることは、すぐに練習に取り入れることはできるのではないかと思います。

ここで思い出されるのは、大学ラグビーにおいて前人未到の大学選手権9連覇を成し遂げた[18]、帝京大学ラグビー部の練習風景です。

「声の出し方」とは違う話ですが、練習中何か気になる点があると、プレーを止めて、必ず3人一組になって話し合うそうです。

少人数で、必ず相手に声が届くやり方で話し合う。そして相反する意見が出たときには1人が必ず中立の立場になるという「3人一組」です。

ミスをすると、外からコーチが大きな声で叱る。選手はただそれに「はい」と答えるだけ、というのがよくある風景で、わかっているのか、わかっていないのかもわかりません。

プレーを止めて、少人数で、今何が起こり、何が問題なのかを選手ひとりひとりに考えさせるという、帝京大学ラグビー部岩出監督の考えがよくわかるシーンだと思いました。

ただ、漫然と昔からやっていた「声出し」ではなく、いかに届けるか、どうしたらパフォーマンスがアップするかを選手自身が考えて出す「声」で、チームが引き締まり、成長し、ミスも減るのではないかと思います。

ここでもう少し、選手に自主的に考えさせることの大切さ。スポーツの場面でよく見られる、「大きな声が良い」という誤解についても書いておきたいと思います。

Jリーグのコーチを経て、子供たちにサッカーを教えている池上正さんの著書『叱らず、問いかける[19]』には、「大きな声を出さなくても、叱らなくても指導ができる」ということが書かれています。

序章「問いかけると、子どもは考え始める」には、実際の指導の様子が書かれています。

ある小学校での指導風景、まったく説明を聞かず勝手なことをしている6年生、でも池上さんは淡々とメニューを進めます。

大声で怒鳴ったり、叱ったりなど決してしないし「〇〇をやりなさい」といった命令口調も当然しません。

では、どのようにコミュニケーションをとるか。

終始、子供たちに「問いかける」のです。[20]

そして池上さんは、その場の状況を以下のように描写します。

終了時刻が近づいたので、最後にいつものようにまとめの話を始めました。

「みなさーん、注目！」

「お願いでーす。聞いてください」

2度ほど呼びかけましたが、友達とぺちゃくちゃお喋りをしたり、靴先で地面の土を寄せてみたりとそれぞれに忙しいようです。

そこで、少しだけ声のボリュームを大きくし、もう1度呼びかけました。

「みんな、ごめんなさいね。池上コーチがこれだけ言っているのに、どうして話を聞いてくれないのかな？」

一瞬静かになりました。

「君たち、こんなことしてて、どう思う？これでいいのかな？それぞれが自分で考えないと、何もよくならないよ。でも、やるのはみんな、先生や親から言われてやるんじゃないよね。どう思う？このままでいい？それとも、変わったほうがいい？どう思いますか？」

すると、もっとも自分勝手にふるまっていたグループの中のひとりが、私の方に顔をまっすぐ向けて口を開きました。

「僕は、変わったほうがいいと思う」

ビックリしました。少数派の真面目グループではなく、やんちゃ組から正当な意見が飛び出したのですから。[21]

長い引用になりましたが「怒らず・叱らず」どのように指導しているのか、少しおわかりいただけたでしょうか？

池上コーチも若い頃はいつも選手に怒っていたそうです。しかし、ゲンコツをした選手が（「俺のゲンコツした気持ちはわかってくれているはず」と思っていたのに）、自分のチームを去り、他のチームで活躍しているのを見て、深く反省されたそうです。

私も若い頃はよく学生を叱っていました。「感情的に」怒っていました。

言うことを聞かない、また授業中の態度が良くない学生にはよく怒っていたものです。

でも、この本をはじめとして、さまざまなことを勉強し、経験した後では、「怒る・叱る」ということについて、ちょっと違うのではないかと思い始めました。（え〜と、「今でも怒ってますよ」と卒業生から言われるかもしれませんが…、昔よりは感情的になっていないはずです…、と思います。）

私も昭和の生まれなので、「体罰」はごく普通のことでした。学生時代は、ずっと体育会系のスポーツをしていたので、暴力（言葉も含めて）による指導にも慣れていて、至極当然のことだと思っていました。

でもそれではいけない。特に、今の子どもには通用しないということがわかってきました。

今でも、特にスポーツ系のコーチの中には、まだ「怒鳴る」指導者が多いのは確かです。叱って言うことを聞かせる、苦しい練習をさせる指導です。

しかしこれは前述したように、大人のストレス解消であり、とても安易なコーチングです。

池上さんは「叱られている子は大人の想定内しか上達しない」、「叱られている子は上達に時間がかかる」と主張します。

詳しくは本を読んでいただきたいのですが、私たちが、とても簡単で便利なコミュニケーションの手段である「暴力」や「怒鳴る」ことをやめない限り、子どもたちの成長を妨げることになると、池上さんはこの本の中で言葉を変えて繰り返し書いています。

スポーツの場、教育の場での「声がけ」、まだまだ考えるべきところがあるように思います。

さらに、職場、ビジネスの場での教育・指導にも、こういったことを考えてもいいのではないかと思います。

ひとつ例を挙げるならば、遅刻をした学生、部下に「なんで遅刻したんだ！」と怒鳴るのは簡単です。それによって「すいません」と謝罪の言葉を引き出すのも簡単です。

しかし、怒鳴ることでこれ以上の遅刻がなくなるか、そのことをよく考えたほうがいいと思います。

以下は、あくまでも私がやっていることで、ひとつの方策だと思っていただきたいのですが、遅刻をした学生に対して「怒鳴る」よりも、「何かあったのか？」と心配して尋ねたほうが、遅刻が減るような感じがあります。（統計を取ったわけではありませんが…）

寝ている学生を起こすのに「怒鳴る」よりも、「昨日の晩、遅かったのか？」と聞いたほうが、寝る学生を減らすような気がします。（すいません、実感としてそういう気がするだけなのですが…）

こういった私の対応が、どういう「言葉」をかけるのかというアドバイスをみなさんに紹介しているだけではないとわかっていただけると嬉しいです。

私が言いたいのは、こういう言葉をかけるときの「声」です。どういう「声」をかけるか、つまり、どういう「音」で相手を包み込むかが重要であるということです。

回りくどい言い方になって、すいません。

遅刻した学生、部下は、心の中では「しまった～、まずいな」と思っているわけです。そこに「きつい声」がかかると、反省するより「とりあえずは謝っておけ」という気持ちになります。「声」の厳しさに反発する思いも湧き上がります。自分が悪いのを差し置いて「そこまで言わなくてもいいだろ」という思いの方が強くなり、反省から遠ざかります。

寝ている学生も、先生に反抗してやろう、怒らせてやろうと思って寝ている学生はいないと思います。ふと、ぼーっとして、寝落ちしてしまっただけだと思います（と思いたい）。

そういった学生に、これから前向きに取り組もうと思ってもらうためには、「怒鳴る声」「叱る声」、つまり「きつい声」（攻撃する音）ではなく、自覚を促すような柔らかい「声」、「音」の方が良いのではないかと思うのです。

　みなさんはどう思いますか？


　さて次に、家庭での子どもたちにかける「声」についても少し書いておきたいと思います。

　この本を読んでいるみなさんは、子どもの頃「勉強しなさい！」と言われて勉強する気になりましたか？

「いつまで○○してるの！いい加減に勉強しなさい！来週からテストなんでしょ！」と叱られて、「さあ、勉強するぞ〜！」という前向きな意欲が湧いてきたでしょうか？

　そんなことはなかったですよね。

　でも、自分が親になって、同じことを子どもに言っていることに気づいて愕然としたことはありませんか？

　そんなことを言っても、子どもはやる気にならないのに…。

　大人の言葉、つまり「声」の中に含まれる「過干渉」の響きに子どもはうんざりします。「あなたのためを思って言ってるのよ！」という言葉、「声」から、「親のエゴ」「親の見栄」を敏感に子どもは感じ取ります。

　また、子供が保育園や幼稚園、小学校低学年の場合、親から始終かけられる「声」は、「早くしなさい！」という、どちらかというと親の都合から子どもを急かす、強制的な響きの強い「声」です。

　その「声の響き」に慣れてしまった子どもは親の思う通りには動きません。先ほどの「怒る・叱る」でも、コーチや先生のそういう声に慣れてしまった子どもたちは、だんだん何も感じないようになっていきます。

　どういう声がけをしたらいいか、ここまで私が書いてきたことを参考に考えてみてください。

「でも実際問題、朝はもうホントに大変なんですよ」と思った方は、先ほどの本で池上さんが紹介しているやり方を一度試してみてください。

そして、もしよかったら（本題とは関係ないのでここでは解説はしませんが）「アドラー心理学」で説かれている「教育のあり方」について何か読んでみてください[22]。

➤ 心を揺さぶる、感動させる

次に、「声」で聞き手の感情を動かすためのいくつかのポイントを書いて、この章を終わりたいと思います。

何度も書いていますが、聞き手の顔を見て「声」を出しているでしょうか？聞き手にあなたの「声」が届いているという実感はありますか？

また、シンプルで素朴な言葉こそ、すっと相手の心に入り、気持ちを揺り動かすパワーがあります。かっこいい言葉で魅了しようと思わない、そこに「気負い」が入ってしまうと聞いている人には重たくなります。

同じように、「凝った声」、いかにも「感動させてやるぞといった声」や、「気負った声」は聞いている人が引いてしまいます。

阿川佐和子さんとの対談で、俳優の市村正親さんが、「稽古で褒められたくない、褒められてしまうとそこに意識が集中する」と話していました。「観客を泣かせようと思って演技するとウケない[23]」のだと。

また、終始論理が一貫した明晰な言葉が人の言葉を動かすわけでもありません。

実は「非論理的であっても簡潔な言葉で断言し反復する」ことの方が、人の心が動くことが多いのです。

「声」に乱れがあっても、それが人を感動させることもあります。素直に自分の気持ちを乗せた「声」を目指したいものです。

同じように、実は「声」も「よく響く通りの良い声」だけではダメなのです。

バークリー音楽大学で作曲とジャズを学び、尺八演奏家でもある中村明一さんは、著書の中で、

なぜ、ある人の発する声に魅了されるのか。なぜ、言葉で気持ちが伝えられるのか。なぜ心の底から感動する音楽が存在するのか。いまだ誰も、その問いに対する明確な答えを提出できずにいます。[24]

とした後、「これらの背後に『倍音』が存在している、ということを見出すと、すべての謎はひとつにつながり、自然にとけはじめていくのです」と書いています。

「倍音」については第7章で詳述しますが、「倍音」の種類は、大きく分けて「整数次倍音」と「非整数次倍音」があります。

ごく簡単に言うと、言語では母音が「整数次倍音」で、「非整数次倍音」はガサガサ、カサカリした音です。ハスキー・ボイスやウィスパー・ボイスといったほうがわかりやすいでしょうか?「ビートたけしの声」といえばおわかりでしょうか?

日本語では、強調したり、声に表情をつけたりするときに、この「非整数次倍音」を使うのです。

この本の読者で、都はるみを知っている人がどのくらいいるかわかりませんが、中村さんが例として解説しているので引用してみます。

都はるみは、ひとつのフレーズの中で、

異なった“倍音”の間を自由に行き来している。
「アンコ椿は恋の花」という歌の
「あんこ〜♪」の部分を見てみると、
「あ」で〈整数次倍音〉を出し、
「ん」と唸る部分では［非整数次倍音］が強く、
最後の「こ〜」というところは、
倍音の少ない裏声に抜けていく。[25]

都はるみやこの歌をご存じない方は、ぜひYouTubeなどで聞いてみてください。上記の引用文の意味がよくわかると思います。

中村さんは、ここからたくさんの歌手や芸能人、政治家の「声」を「倍音」をキーワードに解説していき、さらに日本語の音に関してさまざまに分析を重ねていきます。

中村さんは日本の伝統的な語りにふれて、現代では日本人の話し方が変わってきていると言います。昔はほとんど口を開けずに話している、と。

例として挙げているのが以下のようなセリフです。

「にってんでぇ。んなこてってるけど、とめぇなんかくぅだろう」

(何言ってるんでぇ、そんなこと言ってるけど、てめぇなんかこうだろう)

字面では分かりにくいですが、倍音が非常に強いので言葉の判別がしやすい、と述べています。

一度上のセリフを、昔の俳優がチャキチャキの江戸弁で喋ってるという感じで口にしてみてください。なんとなく雰囲気がつかめましたでしょうか？

中村さんは、「もっと口を大きく開けて」「もっと通る声で」という西欧的な発声法を否定します。それでは伝統的な日本語の語りの発声にはならないと。

確かに西欧的な発音練習では、「弁天娘女男白浪」の名セリフ、「知らざぁ、言って聞かせやしょう」の雰囲気は出ません。

現代の俳優やアナウンサーは、声はソフトで聞き心地よく、音量も出る人が多いが、伝統的な「日本語の音響」とはかけ離れたものになっていると中村さんは言います。


倍音がどういった働きをするかというと、それを聞いたときに、単に基音だけの時と比べてはるかに多くの脳の部位が反応する。それにより、言語。音楽に膨らみを持たせ、ニュアンスをより正確に伝え、豊かな表現を付けることができる。そして忘れてはならないのは、倍音により、多様な、目に見えないメッセージを発信するということです。（中略）倍音を意識し、使うことによって、論理的なレベルに留まらない、無意識の領域のコミュニケーションが発展していきます。26


市井のおじいちゃん、おばあちゃん、昔の俳優・落語家の語りに習って、古典的な日本語の発音練習をしたほうがいいのかもしれません。

私としては両方の良いところを吸収し、どちらも自在に使っていけたらと思うのですが、みなさんはどう思われるでしょう？

実は、先日歌舞伎のセリフの稽古のワークショップに参加してきました。

演目は「勧進帳」、あの冨樫と弁慶の丁々発止の掛け合いです。

マイクもない時代、舞台で朗々と響き渡るあの声は、西欧的な発音練習では可能になりません。得難い体験ができたので、私のワークショップに活かしたいと今から楽しみです。

「倍音」、そして「日本古来の発声法」、これからも興味を持って勉強していきたいと思っています。

「声」、まだまだ奥深いです。

さて、「声を出す」前に、自分の話を受け入れてもらうための、素晴らしいスキルがひとつあります。「笑顔」です。スピーチを、プレゼンを、会話を始める前に微笑んでください。「笑顔から出てくる声」は聞いていて気持ちよい「声」になります。

「荒々しい声」には「荒々しい感情」が、「優しい声」には「優しい感情」が返ってきます。「声」によって出した感情が、「声」によって返ってきます。「荒々しい声」で「荒々しい声」を鎮めることはできません。

「声の持つ力」、また「声」がさまざまなものに影響を及ぼすことを知っていてください。

さらに、「声が良くない」とか、「話し下手」なことに悩まないでください。

人は、悩むことに多大なエネルギーを使います。そのエネルギーとそれに費やす時間を「声を出す」トレーニングに使ってもらえると嬉しいです。

悩むことは非生産的だと、たぶんほとんどの人はわかっていると思います。しかし、「悩む」時間も必要だと考え、実は「悩む」ことで何かをしている気になります。「悩む」のではなく「考える」ならいいです。

過去のことを「思い悩む」のではなく、将来に向けて「考える」のなら生産的なのですが。

日本人はどちらかというと真面目なので、一生懸命頑張るのが好きです。手抜きが嫌いな人が多い。なので、自分の出来具合にどうしてもダメ出しをしてしまいます。

でも最初はできなくても当たり前なのです。発声のトレーニングを「楽しんで」ください。スピーチにプレゼンに、ここに書いてあることを実践してみてください。うまくできなかったときは、「頭で考えるようには、うまくできないことがわかった」というように捉えてください。

うまくなろうと努力を続けていることはとても素晴らしいことです。自分の「話し方」、「声」を良い方向へ向けるよう、日々（思い出したら、でいいので）実践してみてください。

必ず「声」は変わっていきます。

世に、素晴らしい演説や、人を感動させるスピーチをした偉人はたくさんいますが、彼ら彼女らが最初から人の心を動かす話し方をしていた、できていたわけではありません。

「聞く者の魂を揺さぶるスピーチテクニック21」として、過去の偉人たちのリーダーたちに共通する秘密と、偉大なリーダーたちの「話し方」のテクニックや小道具について書かれた本があります[27]。

著者のジェームズ・ヒュームズは、歴代アメリカ大統領4人（アイゼンハワー、ニクソン、フォード、レーガン）のスピーチライターや、フォーチュン500社CEOのスピーチアドバイザーを務めた人で、それこそ過去の数々の名言、感動的なスピーチの「生き字引」と言ってもいいくらいですが、その本の冒頭に以下のようなくだりがあります。

- **体格に恵まれなかったナポレオンは、存在感を高める技を考案し、磨いた。**

・リンカーンは、甲高い声と田舎なまりを克服する方法を生み出した。
・チャーチルは、舌のもつれと吃音を克服する方法を編みだし、ダイヤモンドのようにきらめく言葉を語るようになった。
・マーティン・ルーサー・キング・ジュニアは、白人社会だったアメリカで生きる黒人として、自分の話に耳を傾けてもらえる方法を探し、見つけた。
・マーガレット・サッチャーは、男社会の議会で強烈な性差別を克服していった。

パワートークを駆使する人々は、たゆまぬ努力と工夫によって自らの存在感を高め、メッセージを強調するテクニックを磨きあげたのだ。


大丈夫です。

いくつになろうと間に合います。あなたが自分の「声」や「話し方」を変えようと思うなら。


余談ですが、この章の最後に書いておきたいことがあります。

みなさんは「声」という漢字の成り立ちをご存知でしょうか?

「声」という漢字は、本来は「聲」と書きます。「声」という漢字は、「聲」の略字です。「聲」という漢字は、「会意[28]」文字であり「形声[29]」文字です。

まず、「聲」という文字は「殸」+「耳」の組み合わせで成り立っています。

そして「殸（けい）」という文字は、左側部分が「石板をぶらさげて叩き、音を出す楽器」の象形文字、右側部分が「手に木のつえを持つ、転じて打つ・叩く」という意味の象形文字です。

「耳」は私たちの「耳」の象形文字ですね。

なので、殸(けい)は、左側と右側の組み合わせにより、「ぶらさげた石板を手に持った木で叩く」という意味になり、下の部分の「耳」という文字と組み合わされ、「石板を叩いた音が、耳に達する」という全体の意味になります。

これが「声」という漢字の成り立ちです。

「声」はただ発するだけではなく、聞き手の耳に達するように、空気を震わせ、届けてあげることということなのでしょう。

1 鴻上尚史『発声と身体のレッスン』白水社、P.15

2 徳川夢声『話術』新潮文庫、平成30年、P.19、初版は昭和22年秋水社より、その後昭和24年に白揚社より刊行、この文庫本は、平成15年に刊行された「新装版」をもとにしています。

3 音長・リズムなど他にもありますが、ここでは割愛します。

4 たとえば、佐藤綾子『自分をどう表現するか―パフォーマンス学入門』講談社現代新書、に紹介されている「グローバルプロトコルLEP理論（セオリー）」の[P]、Pathos パトス。英語でペーソス、「哀感」、聞き手の感情（emotion）に訴えること。

5 前掲、『話術』P.47

6 同右、P.48

7 実は、こういう場面でいつも思い出すのが、刑事ドラマ「太陽にほえろ」での、石原裕次郎扮する「ボス」の「声」です。古い話で恐縮です。露口茂の「山さん」の「声」も実に渋かったという記憶があります。若い読者の方、申し訳ないです、ググってみてください。

8 澤円『世界No.1プレゼン術』ダイヤモンド社、２０１７年より

9 もちろん日本語訳で読めます。https://www.dhbr.net こちらのサイトなら会員限定記事以外の、比較的新しい記事なら無料で読むこと

ができます。冊子を定期購読することもできます。

10 上記ＨＢＲ、２０２０年２月12日

11 「プレゼンに自信がなくても自信たっぷりに見せる方法」２０１９年12月２日

12 「プレゼンで求められるのは本当にカリスマ性なのか」２０２０年１月19日、ここでのプレゼンスの意味は、もともとの「存在感」という意味に加え、その人の姿形、好感度や影響力をも含む意味だろうと思います。

13 「プレゼンが上手な人は聞き手に「思いやり」を持っている」２０１９年10月23日

14 ちなみに、ＨＢＲは専門的な学術論文を載せる学術誌ではありません。早稲田ビジネススクールの入山章栄教授が、『日経ビジネス』２０１９年７月10日に寄せた記事に「ＨＢＲでは、ややこしい理論を記述した「学術論文」は紹介されません。そのかわり、学術研究の成果から得られた実務へのヒントや分析ツールを紹介した「実務論文」が多く掲載されます。いわば、経営学者とビジネスパーソンの橋渡し役です」と書かれていますが、まさにそうだと思います。

15 ジェレミー・ドノバン『ＴＥＤトーク　世界最高のプレゼン術』中西真雄美訳、新潮社

16 同右、P.191

17 中日新聞（２０１８年11月28日）、囲み記事で「新五輪書」常識の巻２「形骸化した部活慣習」佐藤健四朗

18 残念ながら、昨年年明けの準決勝で連覇は止まり、今大会でも昨年末の全国選手権２回戦で姿を消しましたが、今シーズンは捲土重来を期していると期待しています。

19 池上正『叱らず、問いかける　子どもをぐんぐん伸ばす対話力』ファミリー新書、廣済堂出版

20 同右、P.3

21 前掲『叱らず、問いかける』P.4～5

22 私は「寺子屋カフェ」という、自分のプライベートな塾で、「アドラー心理学」についての勉強会も開催しています。自分の子どもが小さかった頃に知っておけばよかったと思うことがたくさんありました。

23 「週刊文春」２０２０年２月６日号、「阿川佐和子のこの人に会いたい」第１２８９回

24 中村明一『倍音　音・ことば・身体の文化誌』春秋社、はじめに、ii

25 前掲『倍音』表紙裏

26　前掲、中村『倍音』、P.244

27　ジェームズ・ヒュームズ『リンカーンのように立ち、チャーチルのように語れ』海と月社

28　「会意」とは、既成の象形文字や指事文字を組み合わせて作った漢字。たとえば「休」は、「人」と「木」によって構成され、人が木にもたれかかって休息している様子。

29　「形声」とは、事物の意味を表す記号（意符）と、発音を表す記号（音符）を組み合わせて作った漢字のこと。たとえば、「清」シで「水」に関連がある意味と「青」の「せい」の音。

第6章

声の悩み特集

➤「声」も歳をとる

人間の身体が年をとるように、「声」も年齢とともに変化していきます。

たとえば29歳と36歳くらいの違いであればわからないかもしれませんが、20歳と60歳の「声」の違いは誰でもわかります。先ほどの29歳と36歳のように、たった7年の違いであっても、8歳と15歳では明らかに違います。

子供と大人、そして老人（最近は後期高齢者と呼ぶのでしょうか）の「声」の違いは確かに存在します。みなさんも電話口から聞こえる声で、若い人か中年に差し掛かっているか、もしくはある程度お年を召した方なのかだいたい判断できると思います。

実は、私の「声のワークショップ」に来られる方々で「声が老けた」という悩みを持っている方がたくさんいます。特に女性は年齢を気にされる方が多いので、よくそういった質問を受け、それにアドバイスをしたことがあります。

「肌年齢」があるように、「声年齢」も確かにあると考えられます。いつまでも若々しくありたいのはもちろん女性の理想でもありますよね。

第3章でも少し書いたように、人の「声」はまず「発声器官」の成長によって変わっていきます。乳幼児から子供へ、そして第二次性徴期、いわゆる思春期において、特に男性は「声帯」及びその周辺がたくましくなり、太い声になっていきます。

女性には、男性ほどの大きな違いはないものの、子供のときの小さな「声帯」からある程度大人の「声帯」及びその周辺が出来上がり、大人の「声」になっていきます。

この辺りから、男性なら父親の、女性であれば母親の「声」によく似てくるようになります。遺伝によって、「発声器官」や「声」の増幅器官である顔の骨格や首、上半身も、ある程度似ているからです。さらに子供は、親の「生活習慣」や「声の出し方」に大きな影響を受けます。
似たような「顔」や「身体」もさることながら、似たような「喋り方」をするようになっていくのです。
まさに、子供は「親の言うようにはならないが、親のするようにはなっていく」のですね。

さて、「声が老ける」原因はいくつかあります。

一つは、身体の他の部分と同じように「声帯」その他の「発声器官」に老化が始まるせいです。長い間の疲労の蓄積という経年劣化ということもあるでしょう。第3章・第4章でも書いたように「発声」は筋肉運動なので、筋肉が硬くなり、うまく動かなくなっていく、反応が鈍くなっていくのはしょうがありません。

しかし、これは身体の他の筋肉と同じで、トレーニングによってかなり変わります。完全に若いときのまま、もしくは若いときの状態に戻すというのは無理ですが、若々しく保つことは誰にでも可能です。

①　ぜひ「第四章」で紹介されているトレーニングを、どれか一つでも、そして毎日でなくともいいので実践してください。

②　身体が硬くなってしまうのは、筋肉、腱、関節周りその他どれも同じですが、よく動かしていないせいです。紹介したトレーニングで「発声器官」を存分に動かしましょう！

③　硬くなっていくのは、動かしていないせいもありますが、同じような動きしかしなくなっている、という理由もあります。いつもと違ったことをするのがオススメです。

老化の原因、二つめです。実はこちらの方が大きいのではないかと思うのですが、先ほどの親子で「声」

が似てくるという話と同じです。

あなたの日々生活している「環境」、いつも喋っている方々、周りの人たちと同じような「声」の出し方に、知らず知らずのうちになっている可能性があるかもしれません。

それがいけないわけではないのです。しかし、自分の「声」が老けたなぁと自覚して、それをあまり良いと思っていないなら、一度その辺りを考えてみてもいいかもしれません。

私たちはどうしても、同じような音に同調してしまうのです。静かな職場で大きな声で電話していれば眉をひそめられます。お客さんがいっぱいの賑やかなお店で、そしてキビキビした声が飛び交っているところでのんびり声を出すと、きっと同僚から「調子狂っちゃうんだよな〜」なんてボヤかれるかもしれません。

同調圧力ってけっこう大きいのです。特に目立つのが嫌いな人には。

こういった老化を防ぐ方法としては、

① 若い人に混じって声を出してみましょう。子どもたちの間でもいいですね。積極的にそういう場を作るようにしてください。
② もし可能であれば「環境」を変えてみましょう。または、元気な声や子どもたちの声が飛び交う場所へ積極的に出かけましょう。耳から、身体から若返れば、「声」も若返ります。
③ これまでも書いてきたように、精神の若さが「声」に出ます。気持ちを若く保つこと、新しいことにチャレンジすることで、若さを保てます。年齢はあなたの意識次第だということを覚えておいてください。

➤「声」が聞き取りにくい、「声」が通らない

これは「声」が響いてないということですね。あと「滑舌」が良くないということもあると思います。「滑舌」に関しては、この章の最後に書いてありますので、そちらを参照してください。

「声」が響かないというのは、きちんと「発声」ができていないということなので、まずは第4章のトレーニングが必要です。

しかし、ワンポイントレッスンとして、少し意識するだけでも「声」が良く聞こえるようになる、通るようになるヒントをいくつか以下に書きます。

① 口は大きく開いているでしょうか?
前述したように、口がちゃんと開いていないと「声」は遠くへ響きません。手鏡やスマホの自画撮りの画面で、自分の口を見ながら練習してください。日頃から意識して口を大きく開けて話すことを心がけてください。

② 聞き手の方を向いていますか?
顔は聞き手に向いているでしょうか?目は聞き手を見ているでしょうか?「ベクトルを定める」のところでも書いたように、目指す方向へ「声」を飛ばすという意識が必要です。必ずしも相手の目を見て話さないといけないわけじゃないですが、せめて聞き手に向かって、その方向へ「声」を出したいものです。

③ 自分の「声」のボリュームを意識していますか?
自分が聞いている自分の「声」と、話し相手が聞いているあなたの「声」は違います。同じように、自分が聞いている自分の「声」のボリューム(音量)と相手が聞いているあなたの「声」のボリュームは違いま

す。

誰かと話しているところを動画で撮ってもらって、確かめてみるのもいいと思います。自分の声が、自分が思っているより小さいことに気付かれるかもしれません。もちろんこれは反対のことも言えます。自分が思っているより大きすぎて、相手に不快感を抱かせている可能性もありますので要注意です。それもチェックしてみてください。

④ 母音をきちんと発話していますか?

これも第4章で書きましたが、日本語の音は特殊な例外を除けば、母音が必ず入っています。母音を響かせ、母音を意識して言葉を発するようにすれば、一つ一つの音がきっちり聞こえるようになります。

➤「声」がすぐに上ずってしまう

これはまず「パワー」が足りません。第4章で説明したように、丹田に力を込めること、良い姿勢を保つこと、そしてゆったりと響かせることを意識するといいかもしれません。

さらに心理的に分析すれば、「声」が上ずるのは気持ちが焦っている証拠です。自分の言葉に自信がないことが「声」に出ているとも言えるでしょう。

また、「氣」が上半身に上がってしまっている。自分でも気がつかないうちに頭に血が上っている証拠でもあります。

現代人はどうしてもエネルギーが「脳」に行ってしまいがちだと言われます。頭を使って物事を処理しがちで「腹に納める」とか「腹を据える」など昔から言われている言葉を実感できずにいる人が多いようです。

まずはリラックスして、ひと呼吸おいて、お腹を意識して響く声を出す。それを日々意識すると良いと思います。

そして、普段はそうでもないのに、たとえば顧客と話している場合とか、プレゼンの場では、といった具体的な状況で「声」が上ずるのは、準備不足であるとか、気持ちに余裕がないということが想像できます。ぜひ、そういった準備不足や余裕のなさが「声」に出てしまうのだということを理解して、自分の「声」に耳をすませ、「声」が上ずったらもう一度言い直すくらいの余裕を持ってください。

第5章でも書きましたが、スピーチが上手な人ほど、プレゼンに自信がある人ほど練習しています。リハーサルをくり返しています。心理的な要因で「声」が上ずるのは、練習や準備によって克服できます。

もし、とことん準備したという自覚があるのなら、結果を恐れず自信を持って、そして相手にあなたの気迫を感じさせるような、それこそ相手の腹に響くような「声」を出すよう心がけてください。

➤ 「声」がかすれる

これは、うまく「声帯」が閉じていない可能性があります。第3章でも書いたように、キレイに「声帯」が閉じることで開閉がスムーズに、そして心地よい振動が生まれるのです。

声帯がきちんと閉じないとうまく振動できない上に、息が漏れてしまい、その息漏れがかすれたような音に聞こえてしまいます。

原因はいくつも考えられますが、これは意識の問題というより肉体的なものがほとんどだと思われます。たとえば、風邪を引いていたり、前の日に大声を出しすぎたなどで「声帯」が炎症を起こし、腫れ上がり、うまく閉じあわされてない状態が考えられます。

第4章の最後でも書きましたが、日頃の生活習慣で「声帯」を痛めつけている人、大事にしていない人、まったく無関心な人は、この「声がかすれる」というのが日常的になっており、自覚がない人が多いようです。

ハスキーな声が好きという人はそれでもいいと思いますけど…。

また声帯を閉じる筋肉がうまく動かずにきちんと閉じあわされていない可能性もあります。筋肉に指令を出す脳の部分にひょっとしたら異常があるのかもしれません。

病気や障害（喉頭炎や声帯ポリープ）その他の心配があるので、突然声がかすれてしまった場合は、近くの耳鼻咽喉科を受診された方がいいでしょう。

そのような医学的な症状に関しては、巻末の参考文献に挙げてあるような、耳鼻咽喉科の先生がお書きになった書籍をご覧になった方がいいかもしれません。「健康のために「のど」を鍛えよう[1]」、『健康や長寿の鍵は「声」が握っている[2]』、そんな内容を医学的見地から書いてある本もあります。

最近では「痙攣性発声障害」という症状もあるそうです。声を出そうとすると自分の意思と無関係に、声帯が異常な動き方をしてしまう病気だそうです[3]。

この障害には、声帯が内側に閉じてしまう内転型、声帯が外側に開いてしまう外転型、2つの症状を併せ持った混合型の3種類があり、内転型は、声が詰まったり震えたりして苦しく絞り出すような声になり、状況により症状が出たり出なかったりするなどの特徴があります。外転型の場合は息漏れ声・かすれ声になるそうです。

私の知り合いでも、ある日突然声が出なくなった人がいます。かすれ声しか出なくなってしまったのです。完治するまでに半年くらいかかりました。喉の病気、「声帯」の異常を決して甘く見ない方がいいと思います。

声が出ない、喋れなくなるというのは、生活のいろいろな場で支障をきたします。
また「声」が出ない、話せなくなったなどの「発声の障害」に関しては、この章のコラムで紹介している「言語聴覚士」に相談されるといいと思います。
「言語聴覚士」は、ある程度の規模の病院（たとえば市民病院とか）であれば、ほぼ常駐しているはずです。

➤「声」がすぐに枯れる

これは、上記の「声がかすれる」と同じ症状でもありますが、ここでは長時間話していると喉が痛くなってしまう、長いこと話していられない、そういった状態の悩みということで説明します。

まず考えられるのは、たとえて言えば「マラソンを走るのに最初から飛ばしすぎ」という状態ですね。第3章で書いた、「音声」を作る「3要素」のうち、「呼気」と「発声」の部分で一生懸命になりすぎて、過剰にパワーを使い、息切れしてしまった状態です。声帯を使いすぎて軽い炎症を起こしているということもあるでしょう。そんなに一生懸命にならなくてもいいのです。

でも、どうしても伝えたいことがあるとそうなってしまいますよね、それはよくわかります。私も昔そうでした。でも、話す側が一生懸命になってしまったら、聞く側は反対に引いてしまうということがよくあります。最初から飛ばさないでペース配分してみましょう。

たとえば、長時間のセミナーの講師を担当するとか、動きながら説明するインストラクターであるとか、朝から晩まで話していないといけない接客業などなど、そういう方々にアドバイスをするならば、以下のようになります。

①　「呼気」

「息急き切って」という表現がありますが、そんなふうに話すのではなく、柔らかく（トレーニングのところでやったような）ゆっくり息を吐く感じで話してみましょう。

そして、話をしている最中だけではなく、たとえば、話の最初に「えーと」というところの「えー」のところでも、思い切り息を吐く「えっと〜」という音になっていないでしょうか。こういったところも動画を撮ってもらって見てみると何気なくやっている癖が見つかるかもしれません。

「声」は「吐く息」なのです。過剰に吐くのをやめてみましょう。

②　「発声」

上述の「息急き切って」と同じように、話すときに喉に力を込めている可能性があります。「喉を閉める」といったほうがわかりやすいでしょうか。「声帯」に力を入れて筋肉で締める力が強すぎると、「声帯」を痛めてしまいますし、締め付けながら震わせるわけですから力が入りますし、また大きな息が必要になります。悪循環ですね。

これは、リラックスして話すことを絶えず意識する。またそういう喉を閉めている状態になっている自分に気がついたら、ちょっと一息入れてみることが必要です。きっと肩や首にも力が入っていると思います。第4章で書いた、リラックス運動を思い出してください。

③　相手がこちらの話を全然聞いていない。

これは身も蓋もない話になってしまいますが、普段は声が枯れずに話ができているのに、話している相手がこちらの話を全然聞いてくれてないようなとき（聞いてくれてないように感じるとき）に、話を聞いてもらいたくて、上の二つのような状態に陥ることがあります。

そういうときこそ、第2章でも書いたように、声を大きくしたり声を荒げたりしたら余計に話を聞いてくれなくなります。

必死に話すより、相手の反応を見ながら話していると、自然に「声」が枯れないような「声」の出し方になっていくはずです。

④　たまには「声帯」を休ませてあげましょう。

ファスティング（断食）や断捨離が流行っているようですが、同じように、「声を出さない時間」も生活には必要です。無駄なお喋りをやめて、一人静かに瞑想をするような、もしくは自然の中でボーッとするような時間が必要です。

➤ 滑舌が悪い

すらすらと話せない、言葉が聞き取りにくいと言われる、たとえば、カ行、サ行、タ行といった特定の行が聞き取りにくい、特定の音がちょっと聞き取りにくい（普通とは少々違う）発音になってしまう、など、自分は滑舌が悪いのではないかという悩みを持っている人が多いようです。

これもいくつかの要因があります。

①　早口である。話し方、声の出し方に問題がある。
②　舌の筋肉、顔の筋肉、姿勢など、身体的なもの。

③　話すときにどうしても緊張してしまう、など、心理的なもの。

ちなみに、「滑舌」という言葉、また「（セリフなどを）噛む」という言葉は「俗語」です。最初は、演劇・放送業界の方々の「隠語」（仲間内だけで通じる言葉）だったようです。どちらの単語も、広辞苑には「第五版」以前には存在せず、２００８年に出た「第六版」からしか載っていません。

もちろん、日本語音声学の専門用語ではないので、テクニカルタームとしては2つとも使いませんが、わかりやすい言葉として現代では定着していますね。

さて、順に解説していきたいと思います。

①の場合、これは発声練習、特に五十音、日本語の音をきちんと発話できるように地道な練習をしないといけません。日本人なら誰でも日本語の発音ができるはずというのは幻想です。

第4章の冒頭にも書いたように、私たちは小中高という教育機関の中で「国語」の勉強はしてきましたが、「日本語の発音」の勉強はしてきていません。

第3章で「声」のメカニズムと「日本語の音」を解説しましたが、ぜひ、そんなことはわかっている、ではなく、一つ一つの音をきちんと発音する習慣をつけましょう。そして、できれば指導してくれる人（身近な人でもいいのです）に聞いてもらいながら、五十音を一つ一つ練習しましょう。

たぶん最初は「子供じゃないんだから」と、恥ずかしいと思いますが、練習あるのみです。練習のときはきちんと言えても、感情が激したり、焦ったりするとまた元に戻ってしまいます。

何度も書いていますが、「発声」は筋肉運動です。野球やテニスで「素振り」をするように、武道では「型」

を何度もなぞるように、基本に立ち返ることが大切です。

また、滑舌を良くするために、早口言葉をトレーニングに使うこともあるかもしれませんが、私は、あまりお勧めしません。

ゆっくり確実に練習すること、たとえばピアノの練習でも、空手の技を習得するときも、まずは「ゆっくり弾く」「ゆっくり動かす」ことで正確な動きを身につけて、それを徐々にノーマルなスピードにしていく方が、時間はかかっても効果があります。少しずつ、確実にいきましょう。

②に関しては、まずは第4章のトレーニングを続けてみてください。特に滑舌に関しては「舌の動き」が悪いこと、「舌の可動域」が狭いことが要因になっていることが多いようです。十分に舌を動かす練習をしてみてください。

③については、この第6章で書いていることとほぼ共通していますね。

人前で話すときは、可能であれば十分に準備をすること。

最初からうまく話そうと思わないこと。

訥々と話すことにデメリットはないこと。

ゆっくり話す方が早く話すよりメリットが多いこと。

滑舌が悪いからといって、被る被害はそんなにないこと。

それよりも「良い声」を出すことの方がプラスになること。

身も蓋もない言い方かもしれませんが、人はあなたが思うほど、あなたの滑舌の悪さ（話し方）にはあまり関心を持っていないかもしれません。

過剰に気にすることはありません。トレーニングを続けていて、ある日ふと「噛まない」自分に気がつくと思います。

＊　コラム「言語聴覚士について」

「言語聴覚士」というのは、「話す」「聞く」「食べる」ことに問題のある人たちに、訓練や指導をしてサポートをする専門家です。病院でのリハビリテーション医療のスタッフの一員として、検査・評価を実施して訓練・指導を行う人たちです。国家資格でもあります。

ケガや病気などで、身体に障害を持つ人のリハビリをするのが「理学療法士」で、こちらはご存知の方も多いかもしれません。同じようなリハビリ分野の療法士としては「理学療法士」をはじめとして、「作業療法士」「視能療法士」「義肢療法士」などがあります。「言語聴覚士」もその一つと言えるでしょう。

「言語聴覚士」は、なんらかの理由で「話す」ことができなくなった、または「話す」ことが不自由な人たちの機能を回復させる手伝いをしています。

「失語症」であったり、「言語の発達障害」、また、脳梗塞や、交通事故などで脳に障害を受けたりなどの原因で「声」が出なくなってしまったり、ろれつが回らなくなってしまう、そんな障害に悩む人たちの機能回復をサポートする仕事です。

ある日いきなり話せなくなる、って想像するだけでも怖いですよね。

「声を出す」、「話す」というのは、本当に人間の生活の基本だと思います。

「言語聴覚士」は他にも、「嚥下障害」（食べ物・飲み物などをうまく飲み込めない）や、「聴覚障害」（生まれつきであったり、加齢や病気などで聞こえが悪くなる）のリハビリをしています。

私は、この「言語聴覚士」養成課程のある学校で、「日本語音声学」を長年教えています。「言語聴覚士」

を目指す学生たちにとって、「音声学」は学ばなければならないたくさんの教科の中のほんの一部なのですが、彼ら彼女らが国家試験に合格して、実際に全国の病院、さまざまな施設で働き始め、世の中の困っている人たちの役に立っていると思うと、教えることに喜びを感じています。

職業に貴賤はないといいますが、素晴らしい仕事だと思っています。

そして、私が行っているボイストレーニングは健常者向けですが、彼ら彼女らは障害を持つ人たちにボイストレーニングをしているようなものだという何かしら仲間であるという共感もあるのです。

ちなみに、このコラムは、その学校のＨＰを参考にして書きました[4]。

上記のような障害の悩みがあれば、気軽に「言語聴覚士」に相談してみてください。大きな病院にはきっと常駐しているはずです！

---

[1] 西山耕一郎『肺炎がいやなら、のどを鍛えなさい』飛鳥新社

[2] 渡邊雄介『フケ声がいやなら「声筋」を鍛えなさい』晶文社、こちらの本に、突然声が出なくなる症状は「大動脈瘤」という、命に関わる病気の可能性大だと書かれています。

[3] 医療ジャーナリストの木原洋美さんが、「夫が知らない妻のココロとカラダの悩み」と題して幾つかの記事を書かれているうちの一つで紹介されています。

[4] 専門学校　日本聴能言語福祉学院　聴能言語学科ＨＰより

第7章

「声」で人生を豊かにする

➤ 自分の「声」に一番影響を受けるのは自分

私たちの脳は、主語を認識せず、発せられた言葉を自分のことのように受け取っていると言われています。「（あいつは）バカだな」とか「（Aさんって）最低ね」とか「（あの子は）もうダメだな」といったような発話をすると、（ ）の部分を認識せずに、まるで自分のことを言っているように受け取るらしいです。最近、さまざまな自己啓発の本にも書かれているのでご存知の方も多いと思います。

でも、そういうことを知識として知っていても、悪口を止められないのが、「人間の性（さが）」ですね。言葉は噂話から始まったという説もあるくらいです。

思わず人の悪口やどうしようもない愚痴、否定的な言葉はしょうがないですが、それらは自分の心や身体に、あなたの想像以上に影響を及ぼすということは覚えておいてください。

前章までに、「声」で人の心を動かす、感動を与えるといったことを書いてきましたが、「自分の声」で人を動かすテクニックを会得できたら次のこともぜひ自覚してください。自分の「声」は、実は自分に一番影響を与えているのです。

これから重要な商談・プレゼンに臨む、ステージに上がってパフォーマンスを披露する、そんなときに「まだどうせダメだよ」と呟きながら向かうでしょうか？

違いますね。

「よしっ！」と気合をかけながら歩いて行きドアを開ける。「大丈夫、ここまで来たら楽しむだけ」と小声で呟いて、ステージへの通路を歩いていくのではないでしょうか。

そのときの「声」はどんな「声」ですか？

「暗い声」ですか？「苦しそうな声」ですか？

そうではないですね。「負けないぞ！しっかりやるぞ！」そういった声を出していると思います。希望に満ちた、前向きな気持ちが込められた「声」だと思います。気持ちは「声」に乗るのです。

そして、そういう声がけを他の人に聞こえないように呟いたり、頭の中だけで考えるよりも、実際にはっきりと「声」に出して、クリアな「音」にして、自分の心や身体に響かせてみる。

そうすると身体は一気に戦闘モードに入ります。「声」で、「音」で自分を誘導し、鼓舞するのです。

ポジティブ・シンキングもいいのですが、「前向きな声出し」で、物理的な「音」にしてしまって、自分の脳に情報を送り込み、そういう状況を作り出してしまいましょう。

最近よく言われるようになったことですが。

「面白いから笑う」のではなく「笑うから面白い」、

「楽しいから笑う」のではなく「笑うから楽しい」のです。

知人でラフターヨガを指導しているインストラクターがいます。英語で言うと『Laughter Yoga』です。「laugh」は「笑う」、「laughter」は「笑い声」くらいの意味です。

少々、ウィキペディアの記述を引用してみます。

「ラフターヨガとは、ヨガの呼吸法という意味で、声を出して笑うことによって新しい酸素を体内に取り入れる。ユーモア、ジョークに頼らず、笑いを一つのエクササイズ（運動）としてグループまたは一人で行う。

脳は作り笑いと本物の笑いを区別できないと言われているため、作り笑いでも脳に対しては同等の効果があると言われている。15 分～20 分以上笑い続けることによりリラックスでき、健康効果が得られる」（網かけは筆者）

「作り笑い」でもいいんです。同じことが他のことでも言えます。

つまり、「気持ちいい声を出すから気持ちいい」のです。私の「声のワークショップ」でも、よくこのワークをやります。参加者のみなさんに「気持ちのいい声」を出してもらうのです。

たとえば、「寒い冬の夜、帰宅してお風呂に入ります！はい、湯船に身体を沈めていきます」、そんな感じで誘導して、そのときの「声」を出してもらいます。

このワークはとてもウケます。

そのときの快感が蘇り、脳は騙されてしまうのです。

実際に気持ちよくなります。

「気持ちのいい声」を出すと、みなさん笑顔になります。

「気持ちのいいときに出る声」を出しながら怒ることはかなり難しいです。

ネガティブな言葉も、とっても身体・気持ちに影響を及ぼします。否定的な言葉は言わないようにする、人の悪口は言わない。

でも思わず口にしてしまうときがありますね。

そういうときのための「便利な呪文」があります。

ひすいこたろうさんは、言わないように気をつけていても、ついひどい言葉や悪口を言ってしまうことがある、そういうときはすぐにそれを打ち消すように「いい意味で〜！」と、付け加えると良いと書いています[1]。

「あいつのやり方はどうも気に入らない」なんて思わず言ってしまったら、「あ、いい意味で〜！」を付け加えるっていう具合です。

他にも、他愛もないやり方ですが、どうしても否定的な言葉を言いたくなったら、ミュージカル風に「あいつにはムカつくんだぜ〜」って歌ってみてください。「あいつはぁ、サイテーなんだぁ〜〜〜」なんて歌いあげてください。きっとバカバカしくなって笑ってしまうと思います。

また、萩本欽一さんは、著書『マヌケのすすめ』の中で、夫婦円満の秘訣は「お利口な言葉」を使わないこと、と書いています[2]。

一緒に暮らしていれば相手に腹が立つこともあるし、相手を責めたくなることもある。そういうときに、「どういうことか説明して」「いつもお前はそうなんだ」みたいな「お利口な言葉」はあまりよくない、と。そもそもが相手を追い詰めるための言葉だから、言われた方は言い返せなくて悔しいし、言っている方も怒りがますます膨らんでいくわけです。そんなときにはちょっとマヌケな言葉で返す、と。

以下、欽ちゃんの言葉です。

> 「お利口な言葉」でわざわざ原因をハッキリさせたところで、話がややこしくなるだけで何にもいいことないよね。「どっちが正しいか」を突き詰めたり、「どっちがお利口か」を競ったりするのは、お利口なバカがやることです。
> 夫婦ゲンカの原因なんてほぼ100%たいしたことじゃないから、わけがわからなくなっても何の問題もない。
> きちっとした言葉を使うときちっとした感情が生まれて、そのきちっとした感情に対抗するために、また向こうからその上を行くきつい言葉が出てくる。
> どんどんエスカレートしていって、お互いに気持ち悪くなってきちゃう。

ここでは言葉遣いについて語られていますが、口調、どんな声かというのも肝心ですね。たぶんマヌケな声を出しても効果的なんじゃないでしょうか。

「声」で自分のパフォーマンスを誘導する。気分を変える。

みなさんもぜひ試してみてください。

➤自分の身体の「声」を聞く

雨の日は憂鬱、お天気の日は朝から気分がいい。誰でもそんなことを思ったことがありますよね。これは気分だけではなく、物理的にも理由があります。「低気圧」のせいで身体が重たく感じるのです。

なぜ「低気圧」だと身体がだるいと感じるのでしょうか。

ホースで水を撒いているところをイメージしてください。ホースの先端を軽く握って水の出口を狭くすると、水道から出てくる水の圧力が高まり、勢いよく水がほとばしり出ますね。

圧力が弱まると水はどのように出てくるでしょうか。

低気圧、つまり気圧が下がると、身体全体を押さえつけていたものが弱くなり、身体の中の血液その他はゆっくり流れます。反対に、高気圧だとぎゅっとほどよく締まって、身体の中の血液その他が勢いよく循環し始めます。高気圧だとシャキッとするのですね。

人間の身体は自然の営みとともに動いています。人の身体そのものが「自然」なのです。

ヒトとチンパンジーの共通の祖先が生まれてから600万年、ヒト属が進化してから250万年、人類は地球上の自然とともに生きてきました。人間が自然や気候を無視して、誰かが決めたスケジュール通りに活動するようになったのは、産業革命以降、たかだか200年あまりに過ぎません。

「晴耕雨読」とはよく言ったもので、活発に活動するときと、ゆっくり動いた方がいいとき、またはじっと動かずにいた方がいいときを人間の身体は感じ取るようになっています。今日は調子が悪そうだなと思ったら無理をしない。それなりの対処法を考える。そんな風に暮らしたいものです。

産業革命以前の暮らしぶりであれば、天候や季節、身体の調子によってその日にやることを決めて動けました。現代においても、農業・漁業・林業などの第一次産業に従事する人であれば、それができるかもしれません。

しかし、現代の市場経済の中で、会社や組織（という虚構）の中で生きるビジネスパースンにはなかなかそういうことが許されません。

比喩的な意味での「声」ですが、自分の身体の「声」を聞く。なるだけ、「皮膚感覚」や、「カラダの発する声」に忠実に暮らしたいなと思います。

たとえば、朝はあまり「声」は出ません。これはプロの歌い手であれば誰でもわかっていることです。プロであれば、必ず準備運動をします。準備運動もなく、いきなり大きな声を出してはいけません。自分の身体と相談しないといけないのです。

同じように、喉に違和感があったら、大きな声を出してはいけません。

でも、わかっていてもそうせざるをえない。仕事だと出さないといけない。たとえば、小学校に着任してすぐの、特に若い女の先生の喉にポリープ[3]ができてしまう、そんな話をよく聞きます。

じっと同じ姿勢をしていたとイメージしてください。ずっと同じ姿勢で筋肉が固まってしまっているところから、素早く動き出すのはなかなか大変です。ほぐしておかないといけません。

「声」も同じです。発声は筋肉運動でしたね。

プレゼンの前には「声」をあらかじめ出しておく、教室に入る前には「発声練習」をしておく、そのくらい自分の身体と相談しながら「発声」することを考えてください。

人間の身体は機械ではありません。スイッチを入れたら何もかもすぐに全開で始動するわけではないのです。普段から自分の身体の「声」に注意を向け、感じ取り、身体という「自然」に合わせ、良いパフォーマンスを発揮できるように日々整えていけたらいいと思います。

➤「声」を合わせる気持ちよさ

第1章でも書いたように、「声」は「呼気」、吐く息のことでした。「声」を合わせるということは「呼吸」を合わせるということです。

「息を合わせる」とはよく言いますね。

私の声のワークショップでもよくやるのですが、二人並んで（目を閉じるとより実感できます）、隣の人の呼吸を感じてもらい、合わせるようにします。このとき、片方の人はただ自然に呼吸してもらい、もう片方の人がそれに合わせるようにすると、簡単に呼吸を合わせられます。

次に、その反対をやります。

自然に呼吸している人の隣で、わざとその人の呼吸とは違うように片方の人が呼吸するようにします。

そのときの感触を行った2人に聞くと、呼吸が合っているときはとても気持ち良くリラックスできるのに、呼吸が合ってないととても不自然で落ち着かない気がしたと言います。

そばにいる人と呼吸が合わないとそれだけで何かしら感じるものがあるのですね。

また、「呼吸を合わせる」という言葉は、比喩的に、双方の感情や気持ち、調子、リズムが合うという意味に使われます。たとえば、ペアになってやる競技、フィギュアスケートであるとか、社交ダンスなど、「呼吸がピッタリでうまくいった」といった具合に表現されます。

二人組のペアだけでなく、あるグループが「息を合わせる」ことで、物事がうまく回りだし、パフォーマンスが高まります。

リズムが同調することで、連帯感が生まれ、組織が活性化していくというのは、いろんな実験で立証されています[4]。

第5章で書きましたが、営業トークでも呼吸を合わせることはとても大切でしたね。

さらに、呼吸だけでなく、音が、波長が合うことによって響き方が変わります。バラバラな音が同調していくことで心地よい響きが生まれます。

そして音の組み合わせによって「倍音」が生まれます。

「倍音」というのは、簡単に言うと「物体が持つ固有の振動数の整数倍の音が共振して現れる音[5]」です。

全然わかりませんか？はい、私も昔は全然わかりませんでした。

でも、音声学を学び音響学も少しかじり、そして音楽をやるようになってからなんとなくわかってきました。（ちゃんとわかってるかと言われると自信はありませんが…）

ちょっとだけ脱線して「倍音」のことを書きます。

物体には固有の振動数があります。昔、音楽か物理の時間で、同じ音叉が二つあれば、ひとつを鳴らせばもう片方も鳴り出すという実験（？）を見たことがあると思います。これを「共振」といいます。「音」は「振動」であることは前述しましたね。

音として聴こえる振動は、「共鳴」といった方がわかりやすいかもしれません。同じ振動数で片方が振動すれば、同じ固有振動数を持つもう片方も振動し始めるわけですね。

固有振動数を1倍の基本振動数とすると、その2倍、3倍、4倍などの整数の倍の音、倍音が共振して音となり「鳴る」わけです[6]。

たとえば、ラの「音」の周波数は、440Hz（ヘルツ、1秒間に440回振動する音）ですが、その2倍の880Hzの音は、単純にオクターブ上の「ラ」の音です。わかりやすく、振動数が倍になると音の高さは1オクターブ上がるとまず思ってください。（3倍は2オクターブ上じゃないですよ！440の3倍ですから1320で「ミ」の音です、4倍が2オクターブ上です）

そして、ピアノでオクターブ上の「ラ」の鍵盤を押さえ、音が出ないようにしていても、下の「ラ」を鳴らすと、上の「ラ」が共振して微かに聞こえてくるのです[7]。

「倍音」について、少しお判りいただけましたか？

実は世界には「倍音」が溢れています。楽器はもちろん人の話し声にも「倍音」が含まれています。そして、どんな倍音がどのくらい含まれているかによって、音色が変わってくるのです。

そして、やっと「声を合わせる」に戻ってきますが、昔から合唱、たとえば賛美歌などで、「古来、本来聞こえるはずのない高い声がしばしば聞かれる現象が知られており、「天使の声」などと呼ばれて神秘的に語られていた（ウィキペディア「倍音」の解説より）」のです。

「クワイア」、ゴスペル音楽の聖歌隊、教会内の聖歌隊、の歌声が素晴らしいのはこの倍音の効果とも言われています。普通の合唱でもこの効果によって素晴らしい音が生まれます[8]。「声を合わせる」のはとても気持ちがいいのです。呼吸を合わせる気持ち良さだけでなく「響き渡る音」としても気持ち良くなるのです。

そして、日本における伝統的な「声」を合わせることによる絶妙の「ハーモニー」と「倍音」のことも書いておきたいと思います。

まず「詠唱」です。「詠唱」とは、詩歌などに節をつけて歌うこと、祈りや呪文を唱えることです。「チャント[9]」とか「アリア」とも言います。

たとえば、「浄土宗では仏教歌謡の一つであるご詠歌と、仏教讃歌の一種である和讃、および舞を吉水流詠唱といいます。仏に親しみ、そのお徳を讃える歌をとなえます」（「公式チャンネル浄土宗」より）

アニメの世界では「魔法を発動させるのに必要なきっかけ」として「声」を出すという意味で使われているようです。

後述しますが、「祈り」は声を出すことで「神」や「大いなるもの」に近づくためのものと言えます。

また「声明」（「せいめい」ではなく、ここでは「しょうみょう」と読みます）のことも聞いたことがある人もいるかもしれません。

「声明」というのは、仏典に節をつけた仏教音楽のひとつで、最澄が中国からもたらした「天台声明」と、空海が伝えた「真言声明」があります。

こちらもYouTubeにたくさんの動画があるのでぜひ聞いてみてください[10]。

私は高野山で行われた「声明」を聞いたことがありますが、ライブで聴くと圧倒されます。まさに鳥肌ものです。

お坊さんが唱える「お経」も素晴らしいです。私は、永平寺の僧侶の方々が唱える「般若心経」のCDも持っています。大人数で一斉に唱える「お経」も身体に響き渡ります。唱えているお坊さんもきっとすごく気持ちいいのだと思います。

お坊さんが長寿で、健康な原因の一つが、まさにこの「お経」を唱えることですね。

声のワークショップでもボイストレーニングの一環として「般若心経」をみんなで唱えたりもします。

また、日本古来のものではないですが、「キールタン」をご存知でしょうか？インドの神様の名前やマントラを、メロディに乗せてみんなで輪になって歌うものです。

主に、インドの楽器、アコーディオンのような「ハルモニウム」という楽器を使って行われますが、またこのハルモニウムの出す「倍音」がすごくて、歌声に伴って、これもまた聴いていてとても気持ちがいい音なのです。

キールタンは、リードする人が歌ったフレーズを、他の参加者が同じように続いて歌うという「コール&レスポンス」というやり方で、1曲を15分ほど歌い続けます。

キールタンは、歌う瞑想、歌うヨガとも言われています。

声を出し続け、周りの人とも同調すると、ある種の快感というか、恍惚となる瞬間があり、とても気持ちよくなります。宗教的儀式に、声を合わせて歌うことがあるのも、このみんながハイになる感覚を利用していると言えます。ぜひ、ごく普通の合唱でも、ゴスペルのコンサートでも、教会の賛美歌でもなんでもいいと思います。たくさんの人が声を合わせることで気持ちよくなるという体験をしてみてください。

聴いても、一緒に歌っても気持ちいいものです。人間の「声の凄さ」がわかると思います。

また私が昨年、高野山を訪れたときのことです。「奥の院」まで歩く夜のツアーがあるのですが、（なかなか風情があっていいです、高野山へ行かれたらぜひツアーを申し込んでみてください）そこで私たちのグループと外国人用の英語のグループという2つのグループが一緒になって歩いていたので、たまたまガイドしていた二人の若いお坊さんが同時に「般若心経」を唱えるのを真後ろで聞く機会がありました。

それはそれは素晴らしいハーモニーでした。二人は決してお互いの声を合わせようと意図していたわけではないと思いますが、期せずして素晴らしいセッションになったのです。

ご存知の方もいらっしゃると思いますが、「般若心経」は唱える際に、息継ぎの場所が特定されていません。複数で唱える場合には、誰かが唱えているときに息継ぎをして、それを交互に行えば、決して「声」そのものが途切れることはないとされています。

二人の息がぴったり合い、それに加えて「倍音」が出て、流れるように、うねるようにその空間を支配していた二人の「声」は、忘れることのできない体験です。（奥の院に、即身成仏されて未だにおわします空海さまのご利益かもしれません）

ちなみに、「般若心経」はなんとなく抹香臭くて、という方は、薬師寺寛邦さんという僧侶が、キッサコというグループ名で（これは仏教用語の「喫茶去」から来た名前です）音楽に乗せて「般若心経」を「歌う」というライブをされているのを聴いてみてください[11]。

とてもキレイです。「お経」とは思えないくらいです。

動画を観ていただければわかりますが、何がどのようにとはわからないものの、心動かされます。聴衆のみなさんも間違いなく、「お経」を楽しみ「声」を味わい、感動しているのがわかります。

では次にもう少し「声」によって癒し、癒されるということを書きたいと思います。

➤「声」で人を癒し、自分を癒す、「声」の持つヒーリング効果

詩人の谷川俊太郎さんが「声の持つ力」について、著作の中で以下のように書いています。

ヒトの言葉も文字となる前は声だった。私たちは言葉を文字としてではなくまず音として、声として、耳と口を通して覚える。母親は生まれた瞬間から赤ん坊をあやす。その声は意味を伝えようとする言葉ではなく、愛情を伴ったスキンシップとしての喃語だ。声は触覚的だ。声になった言葉は脳と同時にからだ全体に働きかける。[12]

私はこの文章を読んだときに、「声は触覚的だ」という言葉に惹かれました。

マッサージのように、声は身体全体に何がしか作用することは常々考えていました。

「声」をかけられることが「癒し」になることがあります。

もちろん、かけてあげることも「癒し」になります。「癒し」となるような「声」を相手にかけてあげているると同時に、自分の身体にもその「音」を響かせているわけですから。

私の声のワークショップで、このようなワークをやることがあります。

ふたりひと組で床に座って背中合わせになります。背中と背中がなるだけ密着するように、足を伸ばして背をまっすぐ立ててペアになります。

そこで片方が「声」を出すのです。

「声」を発する人が、なるだけ気持ちいいリラックスした「声」を出すと、それを背中で受け止める人にその心地いい響きが伝わり、ともに共振して、じんわりと背中が暖かくなります。

もし家族や夫婦、仲の良いカップルであれば、後ろから抱きしめてあげて、リラックスした「声」を発してあげれば、心地よい振動が伝わってお互いに幸せな気分を味わうことができます。

もちろん、こういうことを日常的にやっている人たちも多いかもしれません。無意識に、気持良いことをしてあげたい、やってもらいたいという気持がそういう行動になっているのだと思います。その逆に、先ほどの背中合わせで、とげとげしい声を出すこともやってみると、全身に緊張が走り固まるのがわかります。

母の腕に抱かれて子守唄を歌ってもらい、赤ちゃんがうとうとして寝入ってしまう。

これは、赤ちゃんが子守唄の歌詞の言葉の意味を理解し、寝ないといけないのだと考えて寝る、なんてことはないですね。母親の声が振動となって、子どもの身体全体に伝わって気持ちよくなって眠くなるのです。

また、マッサージや、さまざまな施術に際して必要なのは、以下の3点だと言われています。

「見る（アイコンタクト）」

「話す（声をかける）」

「触れる（マッサージ）」

うつ伏せになって横たわり、アイコンタクトができなくても、声がけをしながら施術すれば、やってもらっている人の不安は軽減します。「声」は、マッサージや施術の効果を大きくします。

身体的な「癒し」の場合にも「声」は重要なファクターになります。そして、私は「声かけ」自体もマッサージや施術の一種だと思っています。

私たちの身体の約70％は水分です。水は空気より音を伝達しやすいです。つまり「声」による振動、「音」は、身体の水分によって、身体の隅々にまで行きわたります。

「声を出す」ことは、良い呼吸のトレーニングであることに加えて、気持ちのいい振動を身体全体に響き渡らせることで、「リラクゼーション」効果があり、「内臓その他を刺激する」ことができます。

さらに「滞っていたもの」血流やエネルギーなどを、スムーズに流し、めぐり良くする効果があります。

気持ちのいい声（振動）は、実際に身体を心地良く揺らすのです。

昔、好意を持つ異性から言葉をかけられたときに胸がキュンとしたのは決して「比喩」ではなく、物理的に身体が共振して震えたのだ、といつもワークショップで話しています。苦笑いする人もいれば、深く頷いてくれる人もいますが、みなさん何がしかの記憶があるようです。

さて、「音」が、そして「音楽」が人間の身体にもたらす「癒しの効果」はもうどなたも実感できることだと思います。「音」で人を癒すという『音響免疫療法』を著した西堀貞夫は、音楽の始まりを以下のように仮定します。

有史以前の人類にとって、「鳥のさえずりや虫の声は、平和の象徴であり、危険な野生動物がいないことを知らせる音でもありました[13]」、そういった安心安全な「リラックスできる音」を再現しようとして創られたのが音楽であると述べます。そして例として「教会音楽」の物理的効果を以下のように記述します。

中でも教会音楽は、石造りで天井が高く、床が板張りという教会独特の音響空間が、エフェクト（影響）される効果をもたらしているということです。

パイプオルガン、バイオリン、コントラバスの響きが教会の壁を震わせ、エコーの響きとなって残響時間を長くするとともに、リングモジュレーション効果を生み、非日常的な感動を与えています。

リングモジュレーション効果とは、非常に近い音の周波数を2つ以上発生させたときに生じる音の「うねり」をいいます。その周波数の差が小さければ小さいほど、発生するうねりは低い周波数になります。これは、人間が音で聞きとることができる周波数をはるかに下回り、内臓や脳に直接刺激を与えます。

また、リングモジュレーションによる複雑なうねりを生み出すだけでなく、ライブな場所では残響が加わることで、教会で奏でられる音楽は板張りの床を伝って人間の背骨を通して脊髄に響き、日常的には体験できない音が作り出されているのです。[14]

ちなみに、猫のゴロゴロいう鳴き声に癒されている人はいるでしょうか?あのゴロゴロという鳴き声は、免疫力を高めて病を治す作用があるようです。

「20～50 Hzの振動が骨の活性化に影響を与えている」という論文もあるそうです。私たちにもギリギリに聞こえる周波数ですが、猫も気持ち良く、そして飼っている人も癒される声なのだそうです[15]。

さらに、欧米、特にアメリカでは「音」や「声」をヒーリングや治療に使っている事例がたくさんあり、それらについて書かれた本がたくさんあります。

たとえば、そのものズバリの題名『サウンドヒーリング』という書籍には、「音楽・自然の音・声といった響きによって自らを癒す」という副題があり、そのためのエクササイズがたくさん書かれています[16]。

著者は、プロの歌手で、音楽と人間の声が持つヒーリングパワーについての講義や数々のセラピーを行うと紹介されています。

また現役のガン専門医が、多くの患者を救った実体験、音響療法のメカニズムを解説した書籍もあります[17]。

その著書『なぜ音で治るのか』の中でも興味深いのは、「トーニング（発声）による声と心の解放」です。

交通事故に遭い、むち打ちの痛みが治らない患者に、記憶の中の事故の時点に戻るよう促し、事故の直後に経験した恐怖を声で表現するように言ったところ、

「叫び声を上げることによって、アラーナはついに心の痛みを解放することができた…、事故の瞬間、彼女が自分の筋肉や

組織に、警戒状態でいろという強い指令を送ってから、彼女の身体は緊張状態のまま凍りついていたのだ。叫び声は、衝突は現実に起こってしまったけれど、もう緊張はしなくて大丈夫、という潜在意識へのメッセージだった」[18]

トーニングは、患者自身の声を使って緊張を解き、感情を解放し、治癒プロセスを促進する治療法です。

こちらの本にはその基本のやり方から目的別の練習も様々に記述されています。

はい、もちろん私の「声のワークショップ」でも取り入れています。

著者の、医学博士でもあるミッチェル・ゲイナーは、科学者たちが、心や身体に音が与える影響についての研究が取り残されていると述べ、イスラム教神秘主義の担い手、スーフィーの指導者の言葉を引用します。

音の物理的効果は人体にも大きな影響を与える。人体のあらゆるメカニズム、例えば、筋肉、血液の循環、神経などは、すべて振動の力で動いている。そして、あらゆる音には共鳴がある。だから、人間の身体は生きている音の共鳴器なのだ……。ある人が自然に持つさまざまなピッチは、そのピッチの声を出すとき、自己治癒力、そして他人を治癒する力の源泉になる。[19]

このことについては、もう少し詳しく後述します。

多数の研究によって、音楽のみならず、呼吸、瞑想、声を使って、緊張を緩和し、感情を解放し、治癒を促進できることが明らかになっています。

ぜひ日常的に、気持ちよく「声」を出す趣味を持ってください。

「声を出す」のは長寿の秘訣です。呼吸筋も鍛えられ、唾液の分泌も盛んになり、音の響きで体がリラックスします。大きな声を出せば腹筋・背筋ともに鍛えられます。またいい声を出そうといい姿勢をとること、臍下丹田に力を込めることでエネルギーの流れがよくなります。

「よく会話する（声を出す）男性は長寿、会話がない男性は早死に」

これは、ある市町村が行った調査の結果です。特にどこの市町村と特定しなくても、なんとなくそうだろうなと思った人は多いと思います。

「声を出す」のは健康に良いのです。

歌うことはもちろん、朗読、詩吟、演劇、その他なんでも、気持ち良く大きな声をリラックスして出せる趣味なら、それで元気になれます。

少々の風邪ならお腹から大きな声を出して追っ払ってしまいましょう。後述しますが、私は多少の身体の不調は歌うことでかなり治ってしまいます。

現代人は、気持ち良く大声を出す機会が昔より減っていると思います。

昔は何かしらお祭りや季節の行事などがあると、大人はどこかで酒盛りをして、大きな声で歌っていました。踊り出す人もいました。

今は、その代わりに、カラオケ、スポーツ観戦で応援する、好きなアーティストのライブやコンサートで叫ぶ、などでしょうか。なんにせよ、「声の持つ力」について再認識していただければと思います。

「声のワークショップ」以外にも、私のやっている「声を出す」活動（趣味？）を以下に少しご紹介しておきます。

「大人の絵本読み聞かせ」、これは大人が大人に向けて絵本を読み聞かせるという趣旨の会です。東京から始まり、今は大阪、滋賀、札幌と広がり、私は名古屋で、もう5年ほどになりますが、主催しています。

大人になると、絵本の読み聞かせはする側であって、してもらう側ではありません。しかし、読み聞かせしてもらっても実は楽しいのです。

そして、絵本は大人が読んでも感動するような作品も多く、また子どもの頃読んだときの読後感と大人になってからのそれが違うことに新鮮な驚きを覚えます。作者が言いたかったのはこういうことなのか、など、人生を重ねないとわからないことが絵本に描かれていることも多いのです。

また趣旨の通り、小さな子供を連れての参加は申し訳ありませんがお断りして、大人が子どもに返る時間を楽しみます。大人ですからお酒も入ります。美味しいご飯を食べ、絵本を読み聞かせしてもらうのは至福の時間です。

はい、「声を出す」という話でした。その絵本の朗読がまた楽しいのです。

小説や詩の朗読ほど敷居は高くなく、擬音語や感情豊かなセリフも多くて、読んでいていろんな感情が引き起こされます。

さらに、この会ではどう読むかなどの決まりもなく、また、小さいころ自分の子どもに読み聞かせをしていたが人前で朗読するのは初めて、などという参加者もウェルカムなので、読み手の個性がそれぞれに出て、とても面白いです。

最近は音楽付きの絵本読み聞かせとか、絵本のセリフにメロディをつけて絵本を読んで歌うなどなど、いろいろな趣向を凝らす読み手も増えています。

おかげさまで毎回たくさんの人に参加してもらっています。もし興味をお持ちの方がいたら、私のＨＰをチェックしていただくか、「大人の絵本プロジェクト」で検索してみてください。

また、昨年開催したのは、「一人語り発表会」です。音楽を習っている人たちの発表会と同じで、初心者なのだけれど、様々な語りをひとりひとり発表するという会を主催しました。講談や、詩の朗読、一人語り（朗読ではなく、物語を語る）や、紙芝居などたくさんの演者さんに発表してもらいました。私は一人芝居をやりました。

もちろん発表会に出るために練習を重ねました。他の方も練習を重ねたことでしょう。人は機会を与えられると奮起します。

また今年も、今度は発表者や演目も増やして開催しようと考えています。

趣味で落語や講談を習っている人、朗読や一人芝居で発表の場を探している人、そんな人たちが世の中にはたくさんいます。

ぜひ「声を出す」趣味を持ち、心身ともに健康になってください。

➤ 歌うこと

そして「声を出す趣味」といえば王道ですね。私は、歌うことが大好きです。ライブハウスでも歌い、たまにですがソロライブもやります。昔から音楽が大好きで歌うことも好きでしたがあくまでも個人的なもので、本格的に人前で歌い出したのは、なんと50代後半になってからです。

自分の身体を実験台にして、ボイストレーニングで自分の声がどれだけ変わるのだろうと、変化を記録するつもりで、そして自身の「声のワークショップ」のヒントになればと「歌うこと」を学び始め、トレーニングを始めてから、すっかり人生が変わってしまいました。

現在は、オペラ歌手としても、そして声楽の指導にも定評がある、井原義則先生のもとで、マンツーマンで声楽指導を受けています。

井原先生の門下生発表会や、さまざまな合唱団の一員として数々の舞台を踏み、また、ご縁がありまして（端役なのですが）市民オペラにもこれまでにいくつか出演することができ、たくさんの心震える経験をさせていただいています。ありがたいことです。

音大卒の方々や、プロの歌い手さんの中に混じって練習するのは緊張します。でも、リハーサルからそういう方々の歌に接することができて、これはまさに出演者の役得だな～と思っています。

無料で、おまけにすぐそばで素晴らしい歌声が聴けるわけです。もちろん本番はもっと感動します。

ボイストレーニングの一環として始めた「歌うこと」がこんなに楽しいとは思ってもいませんでした。

ぜひみなさんも、「歌うこと」、それも「人前で歌うこと」に多少なりとも憧れがあるなら、勇気を奮って挑戦してみてください。

定評のある講師の元で、きちんと定期的にトレーニングを積めば、誰でも人前で歌っても恥ずかしくないようなレベルになれます（プロになれるかどうかはわかりませんけど）。発表会などで、ステージの上で、観客の前で歌うことも夢ではありません。

たぶん、ほんのちょっとの勇気が足りないせいで、「いいな～」って憧れて見ているだけという人が多いと思うのです。

私がそばにいたら、そんな人の背中を押してあげるのにな、と思います。「行ってこ～い！」って。

先ほども「声を出す」「声を意識する」習慣をつけるために何かそういう趣味を持つといいと書きました。「人前で歌うなんて恥ずかしい」とか「音痴だから」などと尻込みしないでください。自分でも歌い始めてつくづく思いましたが、うまく「歌える」か「歌えないか」ではなく、「歌う機会を自ら作るかどうか」だと思います。

大切なことは、実は「場数」なのです。

合唱や声楽などのコンサートに行けばたくさんチラシをもらえます。その中には必ずといっていいほど「合唱団員募集（素人歓迎）」のお知らせがあると思います。特に「男声」は絶対的に数が足りないので有利です。そういうところに問い合わせてみてください。

これを読んでいるみなさんの地元にも合唱団があると思います。そういった合唱団に参加すれば、指導してくれる先生が必ずいらっしゃいます。また、個人レッスンとして声楽を教えている先生も全国にたくさんいらっしゃいます。

また「いや、声楽や合唱じゃなくてポップスが歌いたい」「弾き語りがしてみたい」「バンドで歌ってみたい」という人もいるでしょう。私も高校時代にバンドを組み、ドラムを叩き、弾き語りをやった経験があるので、すぐにそちら方面でも歌い始めました。

もちろんそちら方面でも、先生についてボーカルレッスンを受けています[20]。トレーニングに加えて、変な癖がついていないか、歌い方の細かい指導も受けています。ライブなどで歌う前には必ず客観的な目で（耳で）チェックしてもらっています。上手いかどうかは別として、確実に進歩している実感はあります。継続的なトレーニングは必ず成果をもたらすのです。

今は、たくさんのライブハウスやカフェで「オープンマイク」という、誰でも参加して歌うことのできるイベントが開催されています。勇気を出して参加表明し、一生懸命練習して、そういう舞台に立てば自然に仲間もできます。

「おやじバンド」が一時流行りましたが、下手でもいいのです。自分たちが楽しければそれでいいのです。自分ひとりで、ギターの弾き語りで歌うのもいいですが、音楽仲間と一緒に演奏するのも楽しいものです。

え～と、私の地元に近い方、もしよかったら私のライブも聴きに来てください！この本の出版記念ライブを開催する予定です。

巻末のHP内で告知します。（あ～、宣言してしまった…）

あと、とても大事なことなので付け加えておきますが、たくさん「恥をかいて」くださいね。「恥をかかないように」とか「他の人よりうまく歌おう」という気持ちが不要な緊張をもたらします。ぜひ、いっぱい恥をかいて、そして恥をかくこと自体も楽しんでください。とってもいい思い出になります。

少々脱線しますが、「そうやって恥をかいたら嫌な思い出になるじゃないか、私は嫌だな」なんて、読みながら感じた人がいるかもしれません。

でも、恥をかいたことが苦い記憶になってしまっているのは、今でもそれが不得手であるとか、現在、そのことが原因で不満の多い状況に陥っているということではないのかと思うのです。

今が幸せなら、過去の恥ずかしい記憶も笑いとばせます。

いろんな場所でたくさん歌うことを経験して、今は、そんなに上手くなくても気持ち良く歌えるという状況になってしまえば、過去の下手だった記憶はいい思い出になるはずです。

ぜひ、勇気を奮って一歩踏み出しましょう。

やりたい気持ちが何年も続いているのなら、早く始めた方がいいです！

もうひとつ、歌に関する話を。

いつも私の髪の毛を切ってくれている美容師さんのエピソードです。

その方は、髪の毛を切りながら大きな声で元気よく喋る女性なのですが若いころ仕事の疲れかストレスがたまっていたのか理由ははっきりしないのですが、ある日突然「声」が出なくなってしまったそうです。いろんな施術も治療もうまくいかず悩んでいたところに、とある先生からアドバイスされたそうです。「好きな歌を口ずさむといい」「歌ってごらん」と。

その日からプライベートな時間には好きな音楽をかけ、歌うことを試みていたら、これもある日突然、会話では出なかった声が、歌うことで出るようになったそうです。

「歌うことは私の喜びです」としみじみ語ってくれました。

「歌うこと」はとても気持ちいいです。

人間、歌うと元気になるのです。辛いことや気が滅入るようなことがあっても、歌うと全部吹っ飛びます。多少体調がすぐれなくても、歌えば元気になります。

「ことばは歌からうまれた」という仮説もあります。岡ノ谷一夫さんは、著書の中で、ジュウシマツ、デグー、ハダカデバネズミ、ミューラーテナガザル、そして人間の赤ん坊、さまざまな動物の鳴き声から「ことばの起源」に迫っています[21]。「ヒトの祖先はうたうサルだった」という仮説が最も有力なのだそうです。

楽しみながら「良い声」を目指してみましょう！

➤ 「声」の持つ不思議な力を理解する

みなさんは「ダイアログ・イン・ザ・ダーク」という言葉を聞いたことがありますか？行ったことがありますか？体験したことがありますか？

ＨＰの紹介文を引用してみます[22]。

この場は完全に光を閉ざした"純度100％の暗闇"。普段から目を使わない視覚障害者が特別なトレーニングを積み重ね、ダイアログのアテンドとなりご参加者を漆黒の暗闇の中にご案内します。視覚以外の感覚を広げ、新しい感性を使いチームとなった方々と様々なシーンを訪れ対話をお楽しみください。

1988年、ドイツの哲学博士アンドレアス・ハイネッケの発案によって生まれた。

ダイアログ・イン・ザ・ダークは、これまで世界41カ国以上で開催され、800万人を超える人々が体験

日本では、1999年11月の初開催以降、これまで22万人以上が体験しています。暗闇での体験を通して、人と人とのかかわりや対話の大切さ、五感の豊かさを感じる「ソーシャルエンターテイメント」です。

5～6名ほどのチームを組み（私は一人で参加したので、見知らぬ人たちとのその場での即成チームでした）、自分の手も見えないほどの「真の暗闇」を歩いてめぐるツアーです。

そこでのガイドは視覚障害者の方、通常の部屋ではこちらがお世話する側ですが、「真の暗闇」ではその方たちが自由自在に動き回っています。

「ダイアログ・イン・ザ・ダーク」で、価値観の転換、視覚以外の感覚を研ぎ澄ませるという得難い体験をしました。

この本で何度も繰り返し書いている「声」の持つ力を再認識しました。

興味のある方はぜひ訪れて欲しいと思いますので、これから訪れる方のためにネタバレにならないようにツアー中のプログラムの詳細は書けませんが、ツアーでは、「声」がとても重要なファクターだったのです。

メンバーはニックネームを決め、暗闇でメンバーが迷子にならぬよう、そして壁に衝突しないよう、段差につまずかないよう、絶えず「声がけ」をしていきます。また自分が陥っている状況を、終始大きな声で遠

慮なく口に出すようアドバイスされます。

「アッキー（私のそのときのニックネーム）は、今先頭にいます。曲がり角です、みんな注意してください！」といった具合です。

自分の声、（一緒に歩く）メンバーの声がこんなにありがたいと思ったのは本当に久しぶりでした。

そして、聴覚が敏感になっているので、「声の調子」で他のメンバーの感情や気持ちの変化がありありとわかるのですね。いかに普段多くを視覚に頼っているかを痛感しました。実際、何も見えない暗闇でパニック状態になってしまう人が一定数いるようです。

目が見えなくなるというのはこういう状態なのだと（ほんの少しだけでしたが）私もとても怖くなったのを覚えています。

また聴覚が敏感になったせいで、「声」ではありませんが、「音」でいろんなことが感じ取れることがわかりました。

メンバーや自分の「声」の響き具合で、今いる空間が広いのか狭いのか、天井が高いのか低いのか、細長い空間なのか横に広いのか、壁が間近なのか、それ以外にも実にさまざまなことがわかりました。

もちろん「視覚」のない世界で、「聴覚」以外にも、普段おざなりにしていた他の感覚、「触覚」「嗅覚」「味覚」が、いかにたくさんの情報を受け取っているのか、「五感」の大切さを認識できるという体験もプログラムに入っています。

ダイアログ・イン・ザ・ダーク、実に楽しい体験だったことを強調しておきます。

同じような体験をしたのが「霧の山道」でした。山の天気は変わりやすく、天候の変化によって、あっという間に霧に包まれてしまったことがあります。ほんの数m先も見えない状態の中、一緒に山道を歩いていた仲間とはぐれないように絶えず「声」を出し続けるという状況でした。

声をかけあうことがこんなに安心できる、声が聞こえている限り自分は一人ではないのだということを実感できた時間でした。現代のコミュニケーションツールであるメールやSNSのメッセージ、またスマホでの検索などはとても便利で、私たちがその恩恵を十二分に甘受していることは否定できません。

しかし、文字情報というのは理性、いうならば脳で理解しますが、「声」によるコミュニケーションは、ダイレクトに人の「感情」や「肉体」に響くのだということを再認識できました。

みなさんも、やさしい「声」をかけられて、じんわりと心の奥の方が温かくなる感じや、きつい「声」で胸を突き刺されたような思いをしたことがありませんか?

「声」はみなさんが思っている上に、とてつもない「パワー」を秘めています。

また、さきほど紹介した谷川俊太郎さんの本「声の力」では、以下のような例を挙げています。

> ロシアかどこかの名優が舞台で背を向けて食事のメニューを読み、観客を泣かせたという話を聞いたことがある。文字を覚え、本を黙読する私たちはともすると声に出された言葉にひそむ意味を超えた力を見落とす。詩・韻文は現代では声を失いかけているが、それを補うかのように歌が巨大な市場を形成していることもまた、声の持つ不思議な力の存在の証と言えよう。その力を感受する能力を私たちは胎児の頃からつちかってきているのだ。わらべうたも昔語りも声にそのみなもとをもち、それは意識と同時にもっと深く私たちの意識下に働きかける。子どものころも、おとなになった今も。[23]

言葉が「声」として、「音」になって表出されたときにそれが私たちに与える影響、湧き上がる感情、意識下に働きかけるその不思議な力を、現代人は自覚しておらず、忘れてしまっているのかもしれません。

次に、「声の不思議さ」ということで関連する事柄ですが、言葉の「語感」というものに着目されている方もいます。

『妻のトリセツ』そして近刊『夫のトリセツ』で有名になった、黒川伊保子さんの著書『ことばのトリセツ』です[24]。

この本で黒川さんは、

「感謝します」と「ありがとう」、「はい」と「ええ」など、同じ意味でも届く気持ちは語感でまったく変わる」

と書かれています。ここで黒川さんが言われる「語感」とは、「声」に出して発話されたときに、聞き手が受け取る感覚と言ってもいいと思います。

ことばを介して心で生じる気持ちは、そもそも発音時に、口の中で起きている。

この記述を「声」の側から見れば、話し手・聞き手双方に、「発声」の際には、すでにその言葉の音、つまり「声」によってある感情が想起されているということになります。

対談で、その辺りをプライベートな話題も含めて、黒川さんがわかりやすく語っている記述があるので、以下に引用してみます[25]。

黒川さんは、自分の名前が「いほこ」で言いにくいと言って、次のように語ります。

黒川　（前略）名前を呼ぶときに横隔膜が上がり切っちゃうので、何度も呼ぶとヘトヘトになっちゃうんです。小さいときに母が私を叱る際、「いほこ！いほこ！」と呼んでると「ハァ〜」と息が上がって、怒りが薄れるんですね。だから、昔から名前を二度呼ばせたら勝ちだと思っていて。

阿川　そんな効果があるの?!

黒川　弟は「けんご」なんですけど、これは呼ぶと怒りが倍増するんですよ。下腹に力が入って背筋が伸びるのでちょっとひとこと言ってやりたくなる名前なんです。この世には力を抜く名前と力が入る名前がある。

阿川　面白〜い！

黒川　『ルパン三世』でも「ふじこ」だから裏切っても冗談になるけど、「けいこ」だったらマジになっちゃう。きりっとしてるから。言葉にはそういう力があるなあと幼い頃から感じていて。（後略）

こういった言説には、同じような「音」で調査研究をした統計的なデータはあるのか、主観的な感覚を一般論にしているのではないか、そんな批判が出てきそうですが、実際に声に出してみると、感覚的にはけっこう頷けるところがあって面白いです。

➤「声」で自分を変える、人生を変える

第1章でも書きましたが、「声」で自分を変えることができます。

アドラー心理学で有名なアルフレッド・アドラーによると、私たちが自分の性格だとか、ある事態に遭遇したときに取る態度というのは、一生変えられないようなものではなく、単に子供の頃に選択しただけのものであり、いつでも変えること、変わることができると言っています。

人間は小学生高学年くらいで、教室内における「自分の立ち位置」を決めてしまうそうです。それが大人になっても続いていると、アドラーは言います。

少々おどけ者であるとか、控えめであるとか、みんなの意見を聞いて行動を起こすタイプであるとか、クラスのリーダー的存在だとか、そういった自分の「性格」だと信じているものは、すべて自分が子供時代に選び取ったものだから、大人になってから再び「選びなおすことができるのだ」とアドラーは言います[26]。

「それはなかなか難しい」「いやこの歳でもう性格は変わらない」と、今思ってしまった方いらっしゃいますか？

変わりたいと思っているけどそれが難しい、と言っている人は、実は変わりたくないんだとアドラーは指摘しています。変わらないほうが楽だからそうしていると、実は変わらない決心をしているのだと言います。

「こんな会社辞めてやる～」「いつだって辞めてやるよ」って夜の酒場で叫ぶ人と一緒ですね。そういう人に限ってなかなか辞めません。文句を言いながらも現状に甘んじているほうが楽だから。

とは言いながらも、長年の習慣や、持って生まれてきたと信じている性格や何かあったときにとっさに取る行動はなかなか変えられません。

そんなときは、ぜひ「声」でリードしてみてください。

自信がないと思ったときは「いや、大丈夫」と大きな声で自分を励ましてください。心の中で思うだけではダメです。

怖いなと思ったときは、もうただシンプルに「怖くない」「ぜんぜんっ!怖くないっ!」って叫んでください。そう、「叫ぶ」んです。声を大にして（あ、なんかこの言い回し、書き言葉でも使いますね）声に出すことで不思議なパワーが湧いてきます。

みなさんは金縛りにあったことはありますか?その生理学的な要因はいろいろと解説されていますが、金縛りを解く方法は、思い切り叫ぶことです。

変な話になってしまいますが、たとえば、いわく付きのホテルの部屋で、何かが布団に乗っかってきて、重たくなる瞬間がありますが(え?そんな体験ないですか?私は国内ではそういう場所だと噂されているところには絶対に泊まりませんが、海外では知らずに泊まったことがあります)、そういうときにも「叫ぶ」ことです。

「出てけ〜!」とか「こっち来んな〜〜!」って。

効果は、はい、ありました。

閑話休題。失礼しました。

この章の最初にも書いていて、くどいようですが、楽しいから笑うのではなく、笑うから楽しくなるのです。なんでもないときに、「もうオレはダメだ〜」「あたしってサイテー」、「もう死んでしまいたい」って悲しげにつぶやいてください。

本当に悲しくなります。涙が出てくるかもしれません。

「声」はあなたの気持ちをリードします。

辛いとき、苦しいとき、ぜひ思い出してくださいね。

自分が理想とする人間像、そのイメージ通りの「声」を出すよう意識してください。

「優しい人」だと思われたければ「優しい声」を。

リーダーとしての威厳を保ちたければ「威厳のある声」を。

「キビキビと動く人」だということをアピールしたければ、

「明晰なハキハキした声」を。

でも、ぜひスマホのボイスメモに録って聴き直してくださいね。

自分ではそんなつもりで出していても、客観的に聞くとぜんぜんそう聞こえないこともあります。または他の人に聞いてもらってもいいと思います。私の声のワークショップで、イメージ通りの声を出すワークをやると書きましたが、これもトレーニングです。普段あまり出したことのない「声」ならなおさらです。

そして、長年の癖というのは恐ろしいです。

意識しているときは、思った通りの「声」が出ていても、ふとした拍子に、「元の声」に戻っていることがあります。自分の「声」を常に意識するようにしましょう。

「あなたの放つ声」が、「あなた自身」を主導することを忘れないでください。これは精神面だけではなく肉体的にも「声」がリードします。スポーツ選手が実際に試合をしているところ、また武道の試合のことをイメージしてみてください。

「気合い」で闘争心を掻き立てています。「声を出す」ことで自分にリズムを作っていきます。

「声」を放つことで凄まじい威力を持った「突き」や「蹴り」を繰り出します。「声」で相手を威嚇します。

「声」を出すことで痛みや苦しさを克服しています。

昔は、仕事の上でも「大きな声を出す」ことがもっぱらでした。

漁で網を引き上げるときの「かけ声」や、船を漕ぐときの「調子を取る声」、田植えや作業をやりやすくする「歌声」など、仕事の能率や安全に遂行するためのかけ声は欠かせないものでしたが、最近はさまざまな手順が機械化され、そんな「声」はなかなか聞こえてきません。

都会のオフィスや街頭で聞く声は、適度に抑制された声です。

都会において「大きな声」というのはひょっとしたら嫌な状況で発せられる場面が多いのかもしれません。店頭で大きな声でクレームをつける客、オフィスで部下を怒鳴りつける声、夜の街で喧嘩か何かで怒号が響く。

そこまでひどくなくても、新幹線で酔っ払ったサラリーマンたちが大声で話す。ファミレスでママ友たちが子供をほったらかして大声で喋っている。

たとえば、建設や土木の現場では今でも「大きな声」が飛び交っているかもしれませんが、その「大きな声」は、危険に備える「緊張の声」ではないでしょうか？もしくは危機的情況に陥りそうな場合に「警告を発する声」ではないでしょうか？どちらも間違いなく「リラックスできる声」ではないですね。

現場での「大きな声」は、のんびりとした気持ちのいい「かけ声」ではなくなっています。

いつの間にか「大きな声」は雑音になってしまっているのではないでしょうか。気持ちよく「大きな声を出す」ことを忘れてしまっている現代人が多いのではないかと心配です。

大きな声を力いっぱい出すのは気持ちいいです。解放された気分になります。どうにもストレスがたまっているときは、大きな声を出してみてください。

「声」で自分を変えてください。

そして、「自分の声」を一番聴いているのは「自分」です。この章の最初にも書きましたが、「周りの人が発する声」にもまして「自分が発する声」も、それが他の人に向けての発言でさえ自分に影響を及ぼします。

「食べ物で内側から美しくとかいうけれど、読む言葉とか耳から入ってくるものも同じくらい大事だと思う」

これは、宇多田ヒカルが「VOGUE JAPAN」に語った言葉です[27]。

あなた自身が放つ「音」、「声」を大切にしてください。

➤「音」によって、「声」によって全世界とつながる

全世界というと話が大きくなりすぎるので、まず自分の身の回りのところから考えてみましょう。

「祈る」という行為をみなさんはどんな風に考えていますか？

私はまさしく「声を出す」ことだと思っています。

この本で最初に書きましたが、言葉は「音」でしたね。

まさに「声」を出して神に近づく、私たちを生かしてくれる大自然や祖霊に感謝を捧げる表現が「声を出す」ことであり「歌う」ことだと思います。

今は、胸の内で唱えることが普通になっていると思いますが、昔は「祈り」というのは「声に出す」ことの方が多かったはずです。

さまざまな宗教の祈りがあります。私たちには「お経」や「念仏」が身近なものであり、神道には「祝詞」があります。法事ではお坊さんが「声」を出してお経を読んでくれますし、地鎮祭などで神主さんが「声」を出してお祓いしてくれますよね。

さて、先ほど現代では神社などにお参りしたときに、心の中でお願い事を唱えたりお祈りしたりすると書きましたが、では、神様にお祈りするとき、神社に参拝したとき、「声」に出したほうがいいのでしょうか？

実は、神社本庁のＨＰを始めとして、参拝のマナーや神道についての文章では、神様を拝むとき、参拝してのお祈りは「声に出すべき」べきと書かれています。

我が国には、古来言葉には霊力が宿り、口に出すことによって、その力が発揮されるという言霊の信仰がありました。神社にお参りする際に具体的な願い事を声に出して唱えるのも、こうした信仰に基づくものです。[28]

民族伝承の祈りは古代からあります。

「声」を出して世界とつながる、少し見えてきたでしょうか？

声を出して祈りの言葉を捧げるというのは、「目に見えないものを感じる、目には見えないものへの感謝」ということでもあります。こういった考え方は「物質万能主義」の現代では眉唾ものとして捉えられがちです。

たとえば、自己啓発書などで「成功の要因」として、毎朝近くの神社に詣でて、神様に感謝の言葉を述べる、というのがあります。

でも、そういうことを言うと、

「神様にお願いするだけで仕事が成功するわけないだろ」とか、

「毎朝神社に行って仕事が成功するなら世話ないぜ、そんな簡単なことなら誰でも成功できるだろ」などと反論する人が必ず出てきます。

私見ですが（余談にもなってしまいますが）、反論に反論してみたいと思います。

まず、最初の反論に関しては、実は神様に自分勝手な「お願い」をするわけではなく、「感謝」するということを見落としています。加えて、自分と違う価値観を頭ごなしに否定している人は、ご本人が自覚している通り「成功するわけないだろ」という結果になりそうです。

もうひとつの意見、まず毎朝神社に行って神様に感謝するって、やってみればわかりますが、そんなに「簡単なこと」じゃないです。三日坊主で終わる人も多いです。まあ、行ったって行かなくてそんなに変わらないだろ、って思ってしまうのだと思います。おまけに、神社に行ったんだけど成功しなかったということで否定しているわけじゃなくて、行きもしないのに否定しているので、至極当たり前のことを言っているようで批判に説得力がありません。（私は三年間毎朝お参りしましたが何一つ良いことはありませんでした、くらい言ってもらえれば説得力も増すと思うのですが…）

さて、神社に詣でる、神様（「神」という言葉に宗教的その他で抵抗がある人は、ここでは「人智を超えた存在」としてもいいです）に感謝するという行為が成功を導くということに疑念を抱いている人に、「なぜ神社に詣でることが成功につながるのか」に関しての、私が考える具体的な（世俗的というか功利的な）理由を、〈たとえば〉３つだけ書いてみます。

①　先ほども少し書きましたが、神社に毎朝詣でて神様に感謝することができる人は、ある程度規則正しい生活を送れている人です。（私も、旅行・出張、体調を崩す、などで毎朝は行けてません）十分な睡眠とある程度整った生活態度は健康のために欠かせません。そして仕事の成功は心身の「健康」に支えられています。

②　目に見える存在で、かつ自分に利益をもたらしてくれる人たち、お客さんや得意先、上司などに感謝するのは誰にでもできます。しかし、日々自分を支えてくれている家族や友人など、当たり前の存在にい

つも感謝しているでしょうか、ましてや日々仕事ができること、そもそも生きていること、毎朝起きて会社や学校に行けることに感謝している人はどれだけいるでしょう?神様に感謝という形で、自分の身の回りすべてに感謝の言葉を言えるのは、謙虚な心を養い、それは普段の態度に表れると思います。誰も見ていなくても悪いことはしない「お天道様が見ている」そういった自分を律する心につながり周りの人の信頼を得ると思います。仕事の成功には「信頼」が必要です。

③

「これやるといいよ!」「これはすごくいいよ!」というアドバイスをもらって、すぐに実行できる人はどれだけいるでしょう?やればいいとはわかっていてもやらない人の方が世の中には圧倒的に多いものです。だからみんなが成功できるわけじゃないとも言えます。「神社にお参りすれば良いことがある?そんな簡単なことで?」と思ったら、もうその足で近くの神社に行ってみる。明日にでも行ってみようか、では遅い。仕事で成功するには、そのくらいのフットワークが必要なのではないかと思います。

どうでしょう?

一年に数回、自分の都合のいい日だけ。そして普段自分が享受している幸せに感謝をすることもなく、自分のわがままなお願いだけを言いたい放題何個も並べて(何十個も?)、それで神社に行っても何にもならないよ、と言っている人が多いのではないでしょうか。

閑話休題。

欧米のスピリチュアル系の本をたくさん翻訳して日本に紹介してきた、山川紘矢・山川亜希子ご夫妻が書かれた『祈りの言葉』という本があります[29]。

その本の中で山川さんは以下のように祈りについて書かれています。

昨今の環境問題について触れ、地球や人類の危機を科学的手法で解決するのは無理なのではないかということに続けて、以下のように書きます。

> 今、私たちが気づかなければならないことは、私たち人間は自然の一部であること、すべてのものたちの一部であるということです。
> そして、この世界も私たちも、大いなる存在そのものであり、大いなるものと断絶した自分勝手な生き方は、もうこれ以上続けることができない、ということなのです。
> 私たちを大いなるものとつなげ、自分たちの魂に気づかせ、自然やありとあらゆるものの一部である自分自身に気づくためのひとつの大切な方法、それが祈りです。
> たとえ、あなたが大いなる存在を実感できなくとも、見えない世界を信じることが完全にはできなくとも、祈ることによって私たちは、それらの世界への通路を広げていくことができるからです。（P．25）

私自身は、少々スピリチュアルなものも信じ、受け入れていますが、かなり世俗的な人間だと思っています。それでもこの言葉には何かしら心惹かれるものがあります。

さらに、「祈りがそのまま聞き届けられるかどうかは別として、祈るという行為そのものが私たちに愛をもたらし、癒しをもたらしてくれるのです」と、祈る人自身が、祈りによって癒されることにつながるとし、「望む結果より最善のことが起こるように祈りましょう」（同、P．36）と書かれています。

「声」が、世界とつながり癒しをもたらす「媒介」となるのです。

お経、マントラ、チャンティング、踊り、歌、音楽、すべてが祈りです。

イスラム教では、コーランが、毎日時間になるとスピーカーから流れます。「祈りの声」です。

大いなるものとつながろうという「声」が世の中にたくさんあること、それは「声」によって人は救われるということでしょう。

意識のレベルを「宇宙」や「素粒子」という極大・極小のレベルまで範囲を広げてみると、私たちは物質でできているようで、実は「波動」そのものだと言えるでしょう。

これは決してスピリチュアル系の話ではありません。「素粒子」は、未だ充分に解明されていない分野ですが、原子の世界ならかなりのことがわかっています。

みなさんが学校で習ったように私たちの身体は、どんどん分割していけば、細胞レベルから、分子レベル、そして原子のレベルまで細かく見ていくことができます。

原子のモデルを覚えていますか？

原子核の周りを電子が飛び回っている図を覚えている人も多いでしょう。

私は子供のころ分子のモデル模型や、原子核と電子のモデルが不思議でしょうがありませんでした。

不思議じゃないですか？

原子核の周りを電子が回っているなら（その頃考えていたのが、地球の周りを月が回っているようなイメージでしたから余計に不思議でした）、その間には空間があるじゃないか、と。こんなに物質は硬いのに、固まっているのに、地球の外側を月が回るように原子核の周りを電子が回っているだけなら、すぐに押しつぶさされてしまうのではないだろうか。電子は原子核にくっついてしまうはずだ。

そんな風に思っていました。


でもそれは違うのですね。ちょっと説明します。

みなさんのお家にはもう扇風機というものが少なくなっているかもしれません。でも扇風機自体はご存知だと思うのでそれをイメージしてください。

もし扇風機の羽根が止まっていたらその間に指を突っ込むことができますが、かなりのスピードで回っていたらどうでしょう?指を入れたらぶつかってしまいますね。子供のころ怒られませんでしたか?

そうなのです。電子は原子核の周りをゆっくりと、地球の周りの月のように回っているのではなく、原子核の周り360度を、縦横無尽に高速度で回っているのです。あの教科書に書いてあったイラストではわかりにくいですね。

つまり原子核を、まさに核として中心に持つ、高速度で回転する電子に覆われた、いわば「球体」なのですね。それが緊密に並んでいると考えてください。（まあ、それでも空間があるじゃないかとは言えますが…）

長々と説明してきましたが、私たちの身体、地球上の物質、そして宇宙全体がミクロの世界では激しく動いているのです。そして、光も電磁波も「波」です。私たちの世界は、私たちが考える以上に、「エネルギー」や「波動」でできているのです。

また、宇宙のレベルで考えれば、この宇宙上に（もちろん地球上にも）、静止しているものなどありません。私たちは今静止している?そんな感じはしますが、違います。

宇宙レベルで見ると、地球は「自転」しています。地球の自転速度は、一番早くなる赤道付近で、1日4万㎞、つまり時速1，700㎞、秒速でも463ｍです。

そしてそんなスピードで自転しながら、地球は太陽の周りを回っています。「公転」です。さらに、太陽を中心とする太陽系は、銀河系の一部であり、銀河系内を毎秒220㎞で公転しているのです。

さらにその銀河系自体が、時速100万㎞というスピードで旋回しているのです。

仮に、ずっと何年も走り続ける乗り物があったとして（たとえば、これから開発されるかもしれない、恒星間航行を可能にする宇宙船など）、その中で生まれ、育った子供は、外を見たことがなければ自分が静止していると思うでしょう。それと同じです。

私たち人類が生まれる前から地球は自転し、太陽の周りを公転し、太陽系は銀河系を公転し、そして銀河そのものが回っているので、私たちは自分たちが静止していると思っています。

私たちは、実は激しく動いているのです。宇宙における振動と原子レベルでの振動、その二つの間で生きているとも言えます。それを普段意識していないだけです。

私たちは振動、つまり「波動」の「送信者」であり、かつ「受信者」でもあるのです[30]。

「音」も振動です。そして「声」もそうです。

「声」によって、全世界と、宇宙とつながるという言葉が絵空事ではなく、ほんの少しでも実感していただけたでしょうか？

「声はまさに魂の語り部です」とは、前述の『サウンドヒーリング』の著者、オリヴィア・デュハースト・マドックの言葉ですが、続けて以下のように書きます。

魂が個人の存在を、すべてが霊的に統一された状態に結びつけるように、声はエネルギーの粒子という小さな波を、宇宙のエネルギーに結びつけるのです。[31]

この本も最後の章の、それも終わりにさしかかったので、かなり大きな枠組みで書いています。なんかボイトレの本かと思ったらだいぶ飛躍したなと思われる読者の方もいらっしゃるかもしれません。

しかし、大局的な観点から「声」や「音」を理解していただけたらと思って書きました。

「音」は、私たちにとってなくてはならないものです。コミュニケーションのみならず、人間の生存、生命活動にまで影響を及ぼすものだということが解明されつつあります。

「音の重要性」に関して書かれた論考から引用してみます。

大橋力は、音と環境に関する著書の「序」において、「物質の世界に必衰栄養、例えばビタミンがあるように、情報の世界にも、生きるために欠くことのできない〈必須音〉が存在する[32]」として以下のように述べます。

私たちが新しい手段で地球各地から収集した美しく快い自然音の中には、人間に音として聴こえる周波数上限を何倍も上廻る超高周波成分をもつものが珍しくない。しかも、私たち自身の実験から、そうした非知覚成分を含む音によって脳幹、視床、視床下部を含む脳基幹部の活性が歴然と上昇することが発見された。

脳基幹部は私たちの心と躰を制御する中枢である。知覚を超える高周波成分に富んだ音がもたらすこの部位を活性化する効果は、物質レベルでみるビタミンや微量元素さながらであり、まさに〈必須音〉と呼ぶにふさわしい。[33]

さらに、私たちは「声」という「音」によって、意識のレベル、論理的なレベルから、無意識の領域にまでコミュニケーションの幅を広げることが可能になると私は思っています。

最後に、先ほどご紹介した谷川俊太郎の「声の力」から少し引用します。

谷川さんは、「詩と肉声」という論考の中で、英国人の詩人から、いい詩だというなら暗唱してくれと言われて、日本では詩を朗読する習慣があまり見られないという事実に気づいたと言います。

そして、意味を伝達する面からは朗読は活字に劣るが、目を通じての了解よりも、耳を通じての了解はより情念的、肉体的と言える、として以下のように述べます。

> ぼくは基本的にまず、肉声というものの不可知的な力を信じようとしてるのだと言っていい。人間の苦痛の叫びや快楽のうめきは、文字化できず言語化できないものだ。言語は一種の抽象だが、肉声はそれ以前でわれわれをとりかこむ宇宙に結ばれている。インスピレーションという言葉だって、もともとは息、すなわち肉体に関した言葉なんだ。詩を声に出すということは、印刷された文字を声に翻訳することとはちがうんだ。声は、書かれた詩以前のところから、詩を通って出てくるんだよ。[34]

人間の肉声の持つ可能性は限りなく大きいと私は思っています。

みなさんが「声」というものをもっと意識して、大切に取り扱い、自分自身の生命活動やパフォーマンスの向上に役立てていただけることを願ってやみません。

みなさん、「いい声」出しましょうね！

1 『あなたの人生がつまらないと思うんなら、それはあなた自身がつまらなくしているんだぜ』ディスカヴァー・トゥエンティワン

2 萩本欽一『マヌケのすすめ』ダイヤモンド社

3 声帯は粘膜でできています。無理をしてその粘膜に傷がつき、治りきらないうちにまた傷つけることを繰り返すと、そこが腫瘍（ポリープ）になってしまいます。その腫瘍が発声に影響が出始めるほど大きくなると、手術が必要になります。プロの歌い手でもそうなる人がいます。

4 「トレーニングビート®」という、音楽やリズムを使って組織を活性化するという研修プログラムもあります。https://www.bos1.org

5 この簡単な定義には異論のある方もいらっしゃるかもしれませんが、まずはこの本の読者に理解していただくためにシンプルに書きました。音楽関係のプロの方はこの辺り目をつぶっていただければと……。

6 私の説明でわかりにくかった人は、倍音の説明をしたサイトはたくさんありますが、わかりやすいものとして、こちらなどを参考にするといいでしょう。岩崎将史さんという方のブログです。https://masafumiiwasaki.com/blog/overtone/

7 このあたりも、右記サイトで実験している動画があるので聞いてみてください。https://youtu.be/D-VO9eNzFM8

8 実際に、人間の声のハーモニーの美しさとそのハーモニーによって生まれる倍音の実験の動画もあるので聞いてみてください。https://youtu.be/elqBj6BIJf0

9 サッカーの試合前に応援団が自チームに送るエールの声も「チャント」と言われますね。サポーターみんなで声を限りに自チームを応援する「歌」です。これは味方を鼓舞するのみならず（興奮しますよね、試合前に気分が高揚するところです）、きっと勝利のための呪文でもあるのでしょう。

10 京都東山将軍塚青龍殿での天台宗僧侶１００人の声明。https://youtu.be/a9yaDU5kbb8

11 薬師寺寛邦 キッサコ @2016.7.16 松山市民会館大ホール https://youtube/958qchBNs60

12 河合隼雄・阪田寛夫・谷川俊太郎・池田直樹『声の力―歌・語り・子ども』岩波現代文庫、P.9

13 西堀貞夫『音響免疫療法』幻冬舎、P.112

14 前掲『音響免疫療法』P.112〜113

15 同右、P.102

16 オリヴィア・デューハースト・マドック『サウンドヒーリング』産調出版、原題は「Healing with Sound」

17 ミッチェル・ゲイナー『なぜ音で治るのか』ヒカルランド、原題は「THE HEALING POWER OF SOUND」

18 同右、P.137

19 前掲『なぜ音で治るのか』P.186

20 名古屋にある「アイズミュージックアカデミー」という学校です。担当の福田先生にはいつも励まされています。ボーカルだけでなく楽器演奏のクラスもあります。http://www.ays-music.net　興味のある方は是非問い合わせてみてください。

21 岡ノ谷一夫・著、石森愛彦・絵『言葉はなぜ生まれたのか』文藝春秋

22 https://did.dialogue.or.jp

23 前掲『声の力―歌・語り・子ども』岩波現代文庫、P.9

24 黒川伊保子『ことばのトリセツ』インターナショナル新書。黒川さんの著作には、『怪獣の名はなぜガギグゲゴなのか』新潮新書や、『日本語はなぜ美しいのか』集英社新書、に興味を持っていました。しかし音韻論などに関する黒川さんの記述や、実証的なデータに基づいた記述より主観的な書き方が多かったことから、識者からは批判もかなりありました。この本には、人工知能研究による知見が多くまとめられています。

25 「週刊文春」２０２０年１月16日号、「阿川佐和子のこの人に会いたい」第１２８５話

26 アドラーはこれをその人の「ライフスタイル」と呼んでいます。現代の私たちがイメージする「ライフスタイル」とは少々違いますが。

27 VOGUE JAPAN 20TH ANNIVERSARY にて。他にもたくさんの有名人の素晴らしい言葉がありますので一度読んでみてください。
https://www.vogue.co.jp/anniversary/20th/quote/180/

28 『神道いろは』神社本庁教学研究所監修、P.88

29 山川紘矢・山川亜希子『祈りの言葉』ダイヤモンド社。山川ご夫妻といえば、パウロ・コエーリョ『アルケミスト』や、ジェームズ・レッドフィールド『聖なる予言』などのベストセラーの翻訳で有名ですね。

30 こういった考え方をもとに「引き寄せの法則」が説かれています。「引き寄せ」の法則は、スピリチュアル系の抽象論ではなく、同じ波動のものは引き寄せ合うという、物理法則に基づいて考えられています。

31 前掲『サウンドヒーリング』P.37

32 大橋力『音と文明』岩波書店、「序」vii

33 同『音と文明』「序」x
34 前掲『声の力』P.195

あとがき

最後までお読みいただきありがとうございました。

「声」はとても大切なもの、「声」にもっと意識を向けよう、そんなことをたくさんの人に知って欲しくてこんな本を書きました。

この本をお読みいただいた感想、ご意見、または質問等は、以下のホームページ上の「お問い合わせ」をクリックしていただき、どしどしお寄せください。

少々お時間かかるかと思いますが、できる限りお返事したいと思っています。

実際の発話練習や、この本の内容の中で音声を聞いてみないとわからないと思われる箇所に関しては、以下の、YouTubeチャンネルで動画を配信する予定です。

また、「こういったことを動画で解説してほしい」などのリクエストがあれば、どしどしお寄せください。張り切って動画を作成してアップします。

また現在は東名阪が中心となっていますが、「声に関する座学のセミナー」、「声を良くするためのワークショップ」などの開催に関しては、ホームページ上やフェイスブックに最新情報を逐次アップしております。

ぜひご覧ください。

企業研修や、サークルなどの集まりでワークショップを開催希望ということであれば、時間の許す限り、全国どこでもお邪魔したいと思っています。

こちらもホームページの方からぜひお問い合わせください。

HP：［船津明生の研究室］ http://www.tanakomo.jp
YouTubeチャンネル：Akio Funatsu
こえのせんせい　船津明生　フェイスブック：funatsu.akio@facebook.com

みなさんが「声」の大切さに目覚め、「声」を意識して、お仕事にもプライベートにおいても素晴らしい結果を出されることを祈っています。

最後になりましたが、出版元のラーニングス合同会社の梶田さんには、「次の本を書いてみませんか？」と声をかけてもらってから、私が忙しかったのもあるのですが、かなり時間が過ぎてしまいました。辛抱強く原稿を待っていただいて、そして励ましていただいたことでやっと出来上がりました。厚くお礼申しあげます。

また、今回はBookletさんの書籍クラウドファンディングに大変お世話になりました。ありがとうございます。

そして、そのクラウドファンディングに協力してくれて、応援してくれたみなさん、大変長いことお待たせしました。この本が世に出ることができたのはみなさんの協力あってのことです。本当にありがとうございました。

令和2年、初夏。

参考文献

なるだけわかりやすく、お求めやすく、お値段はお手頃というものを選びました。ほとんど本文中で紹介・引用しましたが、本書の記述だけでは物足りないと思われた方は、ぜひ以下の文献を手にとってみてください。

本書内で興味を持たれた箇所をもう少し深く掘り下げてみたい方のために、それぞれの文献に簡単な説明をつけてあります。みなさんの理解を深めるために役立ててください。

声／話し方／身体的ワークに関するもの：

・**浅利慶太『劇団四季メソッド「美しい日本語の話し方」』文春新書、２０１３年：**母音の練習の練習だけではなく、呼吸法やセリフをきちんと言う方法など、興味深い内容が盛りだくさんです。劇団四季の歴史も紹介されています。

・**飯田茂実『詩集　みくさのみたから皆元のすべ』みたから文庫、２０１７年：**「みくさのみたから」は、飯田茂実さんが継承した実践的・実用的な無形の文化財。誰でも容易に習得できる日本の伝統的な生活習慣です。全ページが音読しやすくわかりやすくまとめられているので、ランダムに本を開いて、お好きなところからどうぞ。

・**池上正『叱らず、問いかける』廣済堂出版、２０１３年：**自分の子供が小さかった頃に、この本に出会いたかったと切に思いました（この本が出版された頃は、二人の子供はもう大学生でした）。子育て力アップとありますが、大学で教える際にも非常に役立っています。若いお母さんたち相手のセミナーでも積極的に紹介している本です。

・**石塚徹『歌う鳥のキモチ』山と渓谷社、２０１７年：**鳥も鳴き声、「声」によってコミュニケーションしています。メスを獲得するための求愛の歌、鳥の私生活、どんな「声」がモテるのか、などなど、とても興味深い本です。

・**大橋力『音と文明』岩波書店、2003年**：ここで参考文献として取り上げていいのか、少々迷いました。いわゆる専門書です。慣れない方には読むのがかなり大変な本だと思いますが、内容は充実しています。人間と音、音と文明、音の環境学といった観点から、「音環境」について多角的に書かれた本です。ぜひ本屋さんで手にとって実物を見てから（購入の際は）判断してくださいね。

・**岡ノ谷一夫・著、石森愛彦・絵『言葉はなぜ生まれたのか』文藝春秋、2010年**：ことばの起源を動物学から解き明かす。呼吸をコントロールできる動物のみが他者の声を真似できる「発声学習」ができる。そんなワクワクする内容です。

・**片山洋次郎『ユルかしこい身体になる』集英社、2012年**：この本は、特にデジタル世代と言われる20代の若者、そしてそれ以上の世代の身体メカニズムを、整体の手法を用いて分析した本です。情報ストレスを“ユルかしこく”受け流す、情報の洪水に溺れず生きる方法が書かれています。

・**亀渕友香『発声力』PHP文庫、2006年**：副題が、「ボイストレーニング」であなたの人生が変わる！です。声についてさまざまな観点から書かれた本で、読みやすいです。

・**河合隼雄・阪田寛夫・谷川俊太郎・池田直樹『声の力―歌・語り・子ども』岩波書店、2002年**：「現代における声の可能性とは何か、家族の中の語り、幼いころに口ずさんだ歌、声は人を支え、人と人とを結ぶ、臨床心理学者、童謡作家、詩人、声楽家と、声の魅力を語るにもっともふさわしい4人が、自身の体験と取り組みから、子どもの文化を軸に、声・歌・語りを多彩に論じる」（Amazon内容紹介より）まさに声の素晴らしさ、可能性をいろんな角度から語っている本です。2019年に岩波現代文庫から、谷川俊太郎氏の「声に関する2論考」が収録された文庫版が出版されました。

・**黒川伊保子『ことばのトリセツ』インターナショナル新書、2019年**：書籍の紹介には、「本書は人工知能研究において「ことば」の感性に着目して以来、著者が28年にもわたって取り組んできた「語感研究」の集大成」とされ、本の帯には「大切なのは“意味”より“語感”！」とあります。「語感研究」が現在学術研究として確立しているかどうかは脇に置いとくとしても、実感として頷ける記述は多いです。

・**ミッチェル・ゲイナー『なぜ音で治るのか』ヒカルランド、2016年**：通常医療に「音響療法」を組み合わせて多くのがん患者を救ってきた専門医が書いた「音の医学の教科書」です。興味深い事例がたくさん載っています。

・**鴻上尚史『発声と身体のレッスン』白水社、2006年**：私が「声のワークショップ」を始めた頃のバイブルでした。文中にも書きましたが、「こえ」と「からだ」についての丁寧な解説と、たくさんのワークが載っています。ぜひ手にとってみてください。

・**同『リラックスのレッスン』大和書房、2019年**：演出家として「人前でリラックスする方法」を長年考えてきた著者が書いた実践的な本です。本の帯に「人前で話すのがうんと楽になる」とありますが、まさにこれまでになかった実践的な内容です。

・**小林弘幸『「これ」だけ意識すればきれいになる』幻冬舎、2012年**：特に「声」について書かれた本ではありませんが、高いパフォーマンスを維持していきたい女性向けの、医学的見地に基づいた「心と体の美の健康法」に関する本です。心と体を健康に保つためのヒントがたくさん入っています。

・**同『医者が教える　小林式　お風呂健康法』ダイヤモンド社、2019年**：お風呂で体調管理、お風呂タイムが「治療」になる。小林式お風呂健康法で自律神経と腸を整える、という本です。第4章でのリラックス法やトレーニングも、お風呂でやると効果が倍増かもしれません。

・**こばりひさ『人をうごかすふしぎな力』サンクチュアリ出版、2015年**：著者は、対人科学コンサルタント。音や雰囲気、言葉などが持つ“見えない力”の研究を続ける二人組。意識に働きかけず、出会った人の「潜在意識」を惹きつける様々なワークを紹介しています。

・**齋藤孝『身体感覚を取り戻す　腰・ハラ文化の再生』日本放送協会、2005年**：「身体感覚」について様々な側面から書いてある本です。日本には古来身体をうまく生かす技がたくさんあったこと、また呼吸についても詳しく書かれています。

・**同『声に出して読みたい方言』草思社、2004年**：齋藤さんには名著『声に出して読みたい日本語』がありますが、こちらは日本国内のさまざまな方言を集めたものです（CD付き）。各方言の話者（声優・俳優・タレントなど話のプロの方々）が、著名な小説、戯曲などを方言で朗読するというものです。CDを聞くと、方言はやはり「音」だなと思います。字面を追っても雰囲気はわかりません。個人的に、私の地元の言葉である名古屋弁はウケました。

・**佐藤綾子『非言語表現の威力』講談社現代新書、2014年**：著者は「パフォーマンス学」の研究者です。パフォーマンス学というのは、人間関係づくりと夢の実現に不可欠な自己表現を研究・教育するものです。もちろん「声」は、パフォーマンスの重要な要素です。

・**澤円『世界No1プレゼン術』ダイヤモンド社、2017年**：マイクロソフト公式イベントにおいて7年連続1位獲得したマイクロソフト伝説マネジャーの最強のプレゼン術ということで、プレゼンテーションの「6つの法則」を解説しています。プレゼン初心者には、参考になる記述がたくさんです。

・**鈴木松美『あの人の声はなぜ魅力的なのか』技術評論社、2011年**：著者は警察庁の科学警察研究所で「声紋鑑定」の専門家であり、そちらの方面からの専門的に声の研究をされている方です。音声の秘密が、データや音響学的なグラフで分析されている、とても興味深い本です。

・**高岡英夫『「ゆるめる」身体学』静山社、2010年**：体を固める、緊張させるのは簡単ですが、ゆるめるのはなかなか難しいものです。体をゆるめることで、本来の自分を取り戻す。「ゆるめる」ことがあらゆる領域を変革するということが詳細に綴られています。

・**竹内久美子『人間と遺伝子の本当の話　ウソばっかり!』ワニブックス、2018年**：さまざまな「私たちにまつわるなぜ?」を、動物行動学の研究者が雑学的に、わかりやすく解説している本です。コラムでも紹介しましたが、遺伝子レベルの話と下世話な話が結びつくところが楽しいです。

・**龍村修『龍村式　指ヨガ健康法』日貿出版社、2009年**：手指を揉みほぐしたり刺激することで、身体全体を動かすコガに近い効果が得られる「指ヨガ」についてのハウツー本です。いつでもどこでも手軽にできるのが利点です。

・**徳川夢声『話術』新潮文庫、2018年（秀水社による初版は1947年）**：名著が文庫化されました。「話術の神様」と言われた著者が、日本語の表現方法についてさまざまに語ります。

・**ジェレミー・ドノバン『TEDトーク　世界最高のプレゼン術』中西真雄美訳、新潮社、2013年**：「TEDトーク」というものをご存知でしょうか？TEDとは、テクノロジー、エンターテインメント、デザインの頭文字を取り、その3つの分野から感動や衝撃をもたらすアイデアを紹介し、広めていく目的で、そのプレゼンテーション動画はインターネットで、無料で見ることができます。素晴らしいプレゼンターが価値あるアイデアをそこで披露しています。そのTEDトークの中でも人気の高いものを研究し、スピーチの「ハウツー」を紹介している本です。

・**中西健太郎『声のつくりかた』ダイヤモンド社、2018年**：ボーカルディレクターとして、アーティストの声や歌、表現力などを含めた演出やその指導をしている著者の体験に基づいた「良い声の作り方」に関する本です。

・**仲野広倫『究極の疲れないカラダ』アチーブメント出版、2017年**：世界最新のスポーツ医学が導いたコンディショニング、スポーツカイロプラクティックに基づいたセルフケアの本です。日本人の従来の健康常識の数々を否定し、「機能運動性」を高めることについて解説してあります。

・**中村明一『倍音』春秋社、2010年**：著者は、尺八演奏家で、バークリー音楽大学他で作曲やジャズ理論を学び、この本では「倍音」をキーワードにして、音楽・言語・音響他さまざまな事象について言及し、日本の伝統音楽、日本人の声の出し方などについても着目すべき論を展開しています。

・**西澤史子『「話す力」を「お金」に変える習慣』かんき出版、2014年**：成功するかどうかは、「話す力」で決まる。「物事」を「具現化」して「お金」に変えるエグゼクティブに共通する巻き込み術、人間関係の築き方などが解説されています。

・**西堀貞夫『音響免疫療法』幻冬舎、2013年**：「音」の力で体温を上げ、自己治癒力を高める。音響療法についての本です。音楽や映像、エネルギーを活用して自らを癒す。「音」が人体に及ぼす影響は多大なものがあるということを書いています。未だ現代医療ではこの療法は科学的に立証されていませんが、興味深い分野です。

・**西山耕一郎『肺炎がいやなら　のどを鍛えなさい』飛鳥新社、2017年**：良い声を保つには「のどの健康」が第一、それが具体的に書いてある本です。「のどの健康」保ちたいですね。

・**沼尾ひろ子『奇跡　失くした言葉が取り戻せた』講談社、2008年**：脳梗塞で倒れてから、言語機能を復活させるまでの過程が語られています。ナレーターを職業とする著者が言語機能を失ったこと、そしてそれをどうやって復活させたかは興味深いです。

・**野口晴哉『整体入門』ちくま文庫、2002年（初版は1968年）**：整体といえば野口晴哉です。この本は野口整体の基礎ポイントをコンパクトに解説しています。まずは野口整体の入門書としてお勧めします。

・**萩野仁志・多田鏡子『ボーカルの悩みを解消する本』（株）リットーミュージック、2009年**：耳鼻咽喉科医とボイストレーナーによる共著です。発声のトラブルから、トレーニング方法までを双方の観点から分析・解説しています。

・**萩本欽一『マヌケのすすめ』ダイヤモンド社、2020年**：内容紹介から抜粋しますと「ギスギスした時間の中で行きている今の人たち、少しペースを緩めて、肩の荷おろして、ちょっと「マヌケ」に生きてみたら、ストレスも減って、自由になって、なんか毎日が少し楽しくなってくるかも」という本です。ゆったりした声で暮らしたいものです。

・**羽鳥操・松尾哲矢『身体感覚をひらく　野口体操に学ぶ』岩波ジュニア新書、2008年**：あまり声には関係ありませんが、力を抜く、身体をうまく使う、身体感覚を身につけるためのノウハウが書かれている「野口体操」の入門書です。

・**ジョン・M・パーマー『ことばと聞こえの解剖学』田邊等監修、三田地真実、他訳、学苑社、2001年**：言語に関する部分にフォーカスした解剖学の本です。「言葉と聞こえの障害」に取り組む専門家「言語聴覚士」のための、言語臨床の場で必要な解剖学・生理学についての専門書です。本書の解説の図よりもっと詳しいものをご覧になりたい人はぜひ。

・**エスター・ヒックス／ジェリー・ヒックス『願えば、かなう　エイブラハムの教え』ダイヤモンド社、2016年**：物質世界で暮らしている私たちは、実は「波動の宇宙」に生きているということ、そして思考を現実化させる実践的なヒントが書かれています。

・**ジェームズ・ヒュームズ『リンカーンのように立ち、チャーチルのように語れ』海と月社、２０１８年：**歴代のアメリカ大統領（アイゼンハワー、ニクソン、フォード、レーガン）のスピーチライターや、一流企業のＣＥＯのためのスピーチアドバイザーも務めた著者による、21のスピーチテクニックをまとめた本です。

・**福島英『声のしくみ』（株）ヤマハミュージックメディア、２０１１年：**実際に日々たくさんの人たちにボイストレーニングを行なっている著者が、トレーニングのベースとなる「声」の仕組みの基本的なところを解説してある本です。

・**福田健『女性は「話し方」で9割変わる プレミアム』経済界新書、２０１２年：**話し方、特に言葉遣いで女性は変われることをわかりやすく解説している本です。

・**船津明生『「声」でキレイになる！』ラーニングス、２０２０年、改訂版：**冒頭でご紹介した私の1冊目の本です。「声」に意識を向ければ女性はキレイになる（←ホントです）、そんな内容で、読みやすさを念頭に置いて書きました。

・**船津明生『あなたが持っている「声」を目覚めさせる』（ＤＶＤ）vol.1、vol.2、ＮＰＯ法人スポーツ指導者支援協会：**私もＤＶＤを作っています。ぜひ実際の「音声」と、動く私を見てみてください。

・**パトリック・マキューン『人生が変わる最高の呼吸法』かんき出版、２０１７年：**深呼吸は体に悪い！という本の帯の言葉が衝撃的です。正しい呼吸法を身につけることの大切さが書かれています。呼吸について、考えを新たにしてくれた本です。

・**Ｆ．Ｈ．マティーニ他『カラー人体解剖学』、西村書店、１９９６年：**本書をお読みになり、人間の身体のことをもっと知りたくなった方、とても詳しくてキレイな図・写真がたくさんです。お値段が高くて重たいのが難ですが。

・**オリヴィア・デューハースト・マドック『サウンドヒーリング』産調出版、１９９８年：**音楽と人間の声が持つヒーリングパワーについての解説、そしてそれらの響きによって自らを癒すというエクササイズがたくさん書かれています。

・**メリッサ・マルデ他『歌手ならだれでも知っておきたい「からだ」のこと』春秋社、２０１０年：**歌う人のために、それに関係するからだの各機能について、そしてそれを感じ取るための「ボディ・マッピング」について書かれた本です。エクササイズの紹介や解剖学的な図が多く、ヴィジュアルでからだの各部分がよくわかります。

・**水口聡『声の力で人生をもっとよくする！』実務教育出版、2009年：**著者が、オペラ歌手として生きてきた人生を振り返り、実践的に声をよくする方法を書いている本です。この本のメッセージには共感できました。

・**山川紘矢・山川亜希子『祈りの言葉』ダイヤモンド社、2016年：**『聖なる予言』や『アルケミスト』などのスピリチュアル書の翻訳で有名なご夫妻の本です。「祈る」という「声」や「言葉」のパワーについて書かれています。具体的な「祈り」の言葉もたくさん紹介されています。

・**山口創『人は皮膚から癒される』草思社、2016年：**人に愛情を持って触れるとリラックスし、ストレスが癒され、絆が深まる。知られざる皮膚の癒しに関する本です。「見て」「話し（声をかける）」そして「触れる」といったことを通じてお互いの体が共振し、コミュニケーションが深まるということが書かれています。

・**山崎広子『声のサイエンス』NHK出版、2018年：**「いい声」の人の言葉にはなぜ説得力があるのか、その仕組みを著者がさまざまに解説します。同じ著者で『8割の人は自分の声が嫌い』角川新書もあります。

・**山田万希子『美人3分』三恵社、2017年：**一万人を笑顔にしてきた毎日3分のトレーニング法が書かれています。笑顔は人をハッピーにしますよね。

・**山森隼人『自分でも気づかなかった　美しい声になる　歌がうまくなる　奇跡の3ステップmethod』光文社、2019年：**ロックバンドのボーカルとして歌い続けてきた著者が、突然「機能性発声障害」を発症してからのリハビリと、独自のボーカルコーチングを記した本です。

・**米山文明『声がよくなる本』主婦と生活社、1997年初版、文庫は2008年：**声帯医学の第一人者であり、著名な声楽者、俳優、アナウンサーなどの声の治療、コンサルティングに実績のある著者によるボイストレーニングの本です。少々古いですが、有益なヒントがたくさんあります。

・**渡邊雄介『フケ声がいやなら「声筋」を鍛えなさい』晶文社、2018年：**「音声障害」「音声治療」の専門医が、声のトラブル解消法を解説した本です。特に「声筋」を鍛えることが大切だと説かれています。

・**和田美代子『声のなんでも小事典　発声のメカニズムから声の健康まで』講談社ブルーバックス、2012年：**米山文明氏の監修で、声に関するさまざまな疑問をわかりやすく解説してある本です。雑学的に拾い読みをしてもとても面白いです。

日本語音声学／音響学、関連書籍：

本書の音声学／音響学の解説では伝えきれないところもありました。もう少し詳細な説明をご希望の方は以下の書籍をご覧ください。こちらも、手に入りやすく、かつなるだけコンパクトで、入門書に近いものを選んであります。

・**猪塚恵美子・猪塚元『日本語の音声入門』、バベル・プレス、2003年：**私が音声学の授業で長年使っていたものです。日本語教師を目指す人向けの本ですが、音声学の知識がコンパクトにまとめられています。

・**鹿島央『基礎から学ぶ音声学』、スリーエーネットワーク、2002年：**私の大学院時代の恩師の本です。やはりこれも日本語教師を目指す人向けですが、実際の日本語学習者の音声がたくさんCDに収められていて興味深いです。

・**小泉保『改訂版　音声学入門』、大学書林、2003年：**同じく音声学の入門書です。改訂版には図版がふんだんに掲載されており、外国語の音の解説も詳しいです。

・**竹林滋『英語音声学』、研究社、1996年：**題名は「英語音声学」となっていますが、音声学の基本を詳細に解説しています。音声学を深く知りたい方に、詳細な参考文献としてお勧めします。

・**田中真一・窪薗晴夫『日本語の発音教室』、くろしお出版、1999年：**日本語学校での実際の「音声教育」に即して書かれた本で、現場で役立つスキルも多く、楽しく読めます。

- **NHK放送文化研究所編『NHK日本語アクセント辞典』、NHK放送文化研究所、1998年：**標準的な日本語の発音・アクセントについて書かれています。日本語のアクセントを知るための定番の本です。
- **平原達也・蘆原郁・小澤賢司・宮坂榮一『音響入門シリーズA－3音と人間』、コロナ社、2013年：**本書の中でも紹介した音響学の入門書です。
- **鈴木陽一・赤木正人・伊藤彰則・佐藤洋・苣木禎史・中村健太郎『音響入門シリーズA－1音響学入門』、コロナ社、2011年：**同じく本書の中で紹介した音響学の入門書です。少々数式や専門用語が多いかもしれません。
- **船津明生『よくわかる！日本語の音声』三恵社、2019年：**私が作成したテキストです。まったくの初心者でもわかるように、平易な文章、解説を心がけたつもりです。国際音声記号表などもついています。日本語音声学の基本が知りたい方は、こちらと本書との併読をお勧めします（と、手前味噌ですが宣伝しておきます！）。

船津　明生

大学・専門学校で英語・金融論などを教える傍ら、コンサルティング、企業のビジネス研修講師として活躍。分かりやすい講義には定評がある。
また、「日本語音声学」の学術的理論と、ヨガなどの身体的技法をベースとした、実践的な「発声トレーニング」、ワークショップ／セミナーを各地で開催している。
趣味はライブ活動その他ステージで歌うこと。
名古屋大学大学院博士後期課程修了、学術博士。

その声を変えなければ結果は出ない

2020年 11月1日　初版発行

著　者	船津 明生
イラスト	中林 美穂
プロフィール写真	牧野 由佳
企画・制作	ラーニングス株式会社

発行所　株式会社　三恵社
〒462-0056　愛知県名古屋市北区中丸町 2-24-1
TEL 052-915-5211　FAX 052-915-5019
URL https://www.sankeisha.com

ISBN 978-4-86693-320-7 C0081